Wolfgang Manekeller

---

Auf den Punkt gebracht

Wolfgang Manekeller

# Auf den Punkt gebracht

Gekonnt und unmissverständlich
formulieren

Signum Wirtschaftsverlag

© 2003 by Signum Wirtschaftsverlag – Amalthea Signum
Verlag GmbH, Wien
Alle Rechte vorbehalten
Schutzumschlag: Wolfgang Heinzel
Satz: Fotosatz Völkl, Türkenfeld
Druck: Jos. C. Huber, Garching
Binden: Buchbinderei Thomas, Augsburg
Printed in Germany
ISBN: 3-85436-352-4

# Inhalt

**Klar denken – genau formulieren!** . . . . . . . . . . . . . . . . 9

## Gedanke und Ausdruck

| | | |
|---|---|---|
| 1 | Gut gemeint . . . . . . . . . . . . . . . . . . . . . . . . . . . . . | 16 |
| 2 | Was hat wer getan? . . . . . . . . . . . . . . . . . . . . . . . | 17 |
| 3 | Leicht gesagt . . . . . . . . . . . . . . . . . . . . . . . . . . . . | 19 |
| 4 | Suchen und finden, bitte! . . . . . . . . . . . . . . . . . . . | 20 |
| 5 | Aber, aber . . . . . . . . . . . . . . . . . . . . . . . . . . . . . . . | 22 |
| 6 | Gedankengänge . . . . . . . . . . . . . . . . . . . . . . . . . . | 23 |
| 7 | Das Über-Ich und die Ideen . . . . . . . . . . . . . . . . . . | 25 |
| 8 | Umfragen . . . . . . . . . . . . . . . . . . . . . . . . . . . . . . . | 28 |
| 9 | Unterschiedliche Interpretationen . . . . . . . . . . . . . | 30 |
| 10 | Wann passiert was? . . . . . . . . . . . . . . . . . . . . . . . . | 32 |
| 11 | Anfallende Fehlerchen vermeiden! . . . . . . . . . . . . . | 34 |
| 12 | Den Mund zu voll genommen . . . . . . . . . . . . . . . . | 37 |
| 13 | Landeshundeverordner . . . . . . . . . . . . . . . . . . . . . | 38 |
| 14 | Gefälligkeit gefällig? . . . . . . . . . . . . . . . . . . . . . . . | 41 |
| 15 | Sprachliche Katastrophe? . . . . . . . . . . . . . . . . . . . . | 44 |
| 16 | Verwechslung . . . . . . . . . . . . . . . . . . . . . . . . . . . . | 48 |
| 17 | Kommunikative Fähigkeiten . . . . . . . . . . . . . . . . . . | 50 |
| 18 | Es würde besser sein ... . . . . . . . . . . . . . . . . . . . . . | 55 |
| 19 | Ein schöner Satz . . . . . . . . . . . . . . . . . . . . . . . . . . | 58 |
| 20 | Klug geworben? . . . . . . . . . . . . . . . . . . . . . . . . . . | 60 |
| 21 | Schön, schöner, am schönsten ... . . . . . . . . . . . . . | 62 |
| 22 | Begeisterung . . . . . . . . . . . . . . . . . . . . . . . . . . . . . | 64 |
| 23 | Nehmen wir's einmal ganz genau! . . . . . . . . . . . . . | 66 |

| 24 | Laienhaft formuliert | 68 |
|---|---|---|
| 25 | Schlechte Zeiten | 71 |
| 26 | Wer im Glashaus sitzt ... | 74 |
| 27 | Eine Floskel, die nicht ausstirbt | 75 |
| 28 | Eine ganz andere Aufgabe | 79 |
| 29 | Falsch verbunden | 81 |
| | | |
| 30 | Ja oder nein? | 86 |
| 31 | Absichten | 89 |
| 32 | Wenn und Aber | 91 |
| 33 | Richtiges Fragen will gelernt sein | 94 |
| 34 | Klein, aber tückisch | 97 |
| 35 | Wenn man nur wüsste ... | 102 |
| 36 | Schwierigkeiten beim Vergleichen | 104 |
| 37 | Den richtigen Platz finden! | 106 |
| 38 | Immer oder nicht immer? | 109 |
| 39 | Hält doppelt genäht besser? | 111 |
| | | |
| 40 | Es lässt sich belegen | 116 |
| 41 | Am seidenen Faden | 118 |
| 42 | Ein wirres Kunterbunt | 120 |
| 43 | Titelmoden | 123 |
| 44 | ... und doch ... | 125 |
| 45 | Mit Goethe per du | 127 |
| 46 | Das »wenn« auf Abwegen | 130 |
| 47 | Wer die Wahl hat ... | 133 |
| 48 | Logische Werbung? | 147 |
| 49 | Könnte es nicht ganz einfach sein? | 148 |
| | | |
| 50 | Am besten nie aufgeben! | 149 |
| 51 | Wirklichkeit oder Nichtwirklichkeit? | 152 |
| 52 | Anpassung | 155 |
| 53 | Fantastisch, toll ... | 158 |
| 54 | Um ein Haar im Abseits | 160 |
| 55 | Wenn Kündigung droht ... | 163 |
| 56 | Wann funktioniert was? | 164 |
| 57 | Schiefer Vergleich? | 166 |

| 58 | Wie liebenswürdig! | 169 |
|----|-------------------|-----|
| 59 | Wozu prüfen? | 171 |
| 60 | Kleinigkeiten | 174 |
| 61 | Aus der Politik | 178 |
| 62 | Langzeitgedächtnis gefragt | 181 |
| 63 | Wer sucht, der findet – manchmal | 185 |
| 64 | Denkbar? | 187 |

## Verständlichkeit

Immer noch Briefaltertümer? . . . . . . . . . . . . . . . . . . . . . 193

## Grammatik, Rechtschreibung, Zeichensetzung

Lotteriespiel »Grammatik« . . . . . . . . . . . . . . . . . . . . . . 210
Lotteriespiel »Rechtschreibung« . . . . . . . . . . . . . . . . . . 211
Ein typischer Kommafehler . . . . . . . . . . . . . . . . . . . . . 213
Peanuts? . . . . . . . . . . . . . . . . . . . . . . . . . . . . . . . . . . 217
Komma: richtig oder falsch? . . . . . . . . . . . . . . . . . . . . . 220
Gleichstellung der Geschlechter . . . . . . . . . . . . . . . . . . 225
Typische Fehler vermieden. Kompliment! . . . . . . . . . . . . 230

# Klar denken – genau formulieren!

Gestern Abend hatte ich wieder einmal das Vergnügen, eine TV-Sendung zu hören und zu sehen, in der sich Pfleger, Hüter, Fachleute mit den Entwicklungen in der deutschen Sprache beschäftigten. Den größten Raum in dieser Diskussion nahm – wieder einmal – die Frage nach Sinn oder Unsinn der Anglizismenflut ein. Schlimm? Nicht schlimm? Oder nur ein bisschen schlimm?

Hier in meinem Wohnort kann man sich in einer »hair factory« die Haare schneiden und »stylen« lassen; in Dortmund sah ich vor einiger Zeit ein außergewöhnlich großes »Frisör«-Geschäft, das sich, dem Trend widerstehend, »Haarschneideladen« nannte.

Der geniale Karl Kraus schrieb dazu im ersten Drittel des vorigen Jahrhunderts unter dem Titel »An die Anschrift der Sprachreiniger« (»Die Sprache«, Kösel-Verlag):

»Die Literarhistoriker, die den Deutschen ihr ›Sprich deutsch!‹ zurufen, haben, da sie selbst nicht imstande sind, diese Forderung zu erfüllen, auch keine Ahnung, daß sie die andern damit nur bestärken, undeutsch zu sprechen. Denn sie wollen sie bloß vom wohltätigen Gebrauch der Fremdwörter abhalten, der doch allein die deutsche Sprache davor bewahren kann, verhunzt zu werden. Anstatt sich an den unendlichen Ausdrucksmöglichkeiten der deutschen Sprache zu versündigen, ist es hundertmal besser, sich der einfacheren Formen einer fremden zu bedienen. Je mehr Fremdwörter jene gebrauchen, die nie deutsch lernen werden, desto besser.«

Ja, so gesehen …

Gleich am nächsten Tag brachte der Kölner Stadt-Anzeiger wieder einmal einen Leserbrief zum Thema »Deutsche Sprache«, überschrieben:

**Sprach-Ungetüme
Immer wieder
anprangern**

Der Leser machte sich über das Neuwort nachhaltiger Politik »aufstellen« lustig, das ja »nichts anderes als die Rückübersetzung des ebenso schwülstigen ›positionieren‹« sei. Statt fürs modische »Flieger« war er fürs altmodische »Flugzeug«, »Kinder« waren ihm lieber als »Kids«, statt zu »dominieren« könne man »beherrschen«, und das »strategische« Gefasel war ihm auch nicht recht.

Der Leser des Kölner Stadt-Anzeigers, Herr Dr. jur. Klaus Weiser, hat meine Sympathie und meine Zustimmung, wenn auch mit dem einschränkenden Hinweis darauf, dass alles Anprangern noch nie genützt hat. Über hundert Jahre Anprangerung – von Engels über Reiners bis zu Schneider, samt ihren zahlreichen Nachahmern und Nachschwätzern – waren und sind offenbar für die Katz.

Also? Wenden wir uns Wichtigerem zu. Mehr als die Verwechslung von »scheinbar« und »anscheinend« und alles andere in dieser Richtung könnte uns interessieren, was tagein, tagaus geschrieben wird, obwohl es entweder unbeabsichtigt unlogisch oder aber gar nicht gemeint ist. Wenn wir zu unvorsichtig ins geschriebene Wort übersetzen, was uns in unserem Kopf so vorschwebt, dann geht das leicht schief.

»Und machen Sie niemals solche Fehler?«, werden Sie mich nun vielleicht fragen. Leider »gelingen« auch mir solche Fehler. Nur dass ich nach ihnen fahnde, auf die Weise einem

Übermaß entgehe und noch gute Unterhaltung dabei finde. Dazu einmal mehr Karl Kraus über die Sprache:

>Den Rätseln ihrer Regeln, den Plänen ihrer Gefahren nahezukommen, ist ein besserer Wahn als der, sie beherrschen zu können.
...
Geistig beschäftigt sein – mehr durch die Sprache gewährt als von allen Wissenschaften, die sich ihrer bedienen – ist jene Erschwerung des Lebens, die andere Lasten erleichtert.
...
Lohnend durch das Nichtzuendekommen an einer Unendlichkeit, die jeder hat und zu der keinem der Zugang verwehrt ist.«

Sie verstehen, hier geht es nicht um sprachliche Regeln und Vorschriften, sondern ums Denken: um Denken und Sprachgebrauch.

Allerdings wollen wir richtige Grammatik, Rechtschreibung und Zeichensetzung auch dann nicht gering schätzen, wenn durch Verstöße nicht gleich Kodierungs- oder Logikfehler entstehen.

Ein Dativ, wo ein Genitiv hingehört, ein Großbuchstabe, wo ein Kleinbuchstabe gefordert ist, ein Komma an falscher Stelle, all das sei doch gar nicht wichtig, wenn nur der Inhalt Lesenswertes biete. Das mag ja, zumindest teilweise, so sein. Aber was nützt einer Bewerberin um eine Chefsekretärinnenstelle oder einem Bewerber um eine Sachbearbeiterstelle diese Überzeugung, wenn Bewerbungsempfänger das ganz anders sehen?

Wie viele Bewerbungen gehen auf eine Personalanzeige ein – dreißig, hundertdreißig, fünfhundert? Jedenfalls, wenige sind es in der Regel nicht. Und wie sollen die Prüfenden in den Unternehmen entscheiden, wer in die engere Wahl kommt? Falls es nicht gerade um Lkw-Fahrer oder Lebensmittelverkäuferinnen geht, werden sie Bewerbungen, die einige Deutsch-

11

fehler enthalten, schnell aussortieren und sogar froh darüber sein, dass es sie gibt. Nach irgendeinem Kriterium müssen sie ja verfahren, wenn viele in der Qualifikation annähernd gleichwertige Bewerbungen vorliegen.

Also Vorsicht! Mit voreiligen Schlüssen – »Ein paar Formfehler sind doch nicht so wichtig!« – kann man sich schnell bei den Verlierern wiederfinden.

Halt! Muss es nicht nach den neuen Rechtschreibregeln »wieder finden« heißen? Ja, so steht es im Duden. Aber bitte weiterlesen: »*auch* **wiederfinden**«. Also habe ich mich für eine korrekte Form entschieden. Die Lehre aus diesem kleinen Ausflug: Nachschlagen lohnt!

Im ersten Teil mit dem Titel »Gedanke und Ausdruck«, dem Hauptteil – nach Inhalt und Umfang –, werden Sie 64 Textstücke aus der Welt der Medien, der Wirtschaft und der Wissenschaft finden, die einen Denkfehler enthalten. Entweder der Text ist in sich unlogisch oder er entspricht, ganz offensichtlich, nicht dem, was gemeint war.

Ein paar kleine Hinweise, manchmal – Verzeihung! – mit einem leisen ironischen Unterton, helfen Ihnen meistens für den Fall auf die Sprünge, dass Sie nicht auf den ersten Blick merken, wo's hapert.

Wenn Sie es aber gemerkt haben, ist es fast immer ziemlich leicht, die verkorkste Sprachsache in Ordnung zu bringen. Also: Denkübung plus Formulierungsübung. Und beides – glauben Sie's bitte, mir ging es beim Schreiben auch so –, beides kann viel Vergnügen bereiten, abgesehen davon, dass wir, nicht verbissen, sondern locker trainierend, mit Freude trainieren und dabei immer besser in Form kommen.

Im viel kleineren, aber doch wichtigen zweiten Teil, mit dem Titel »Verständlichkeit«, begegnen Ihnen lauter Praxistexte, bei denen wir auf Anhieb gar nicht entscheiden möchten, ob sie richtig sind oder ob sie uns nicht irgendwo einen Fehler unterschieben. Warum nicht? Weil sie so schwer verständlich formuliert sind, dass wir beim ersten raschen Lesen unsicher sind: »Habe ich das jetzt eigentlich richtig verstanden?«

Dieses Kapitel zeigt, wiederum ausschließlich an alltäglichen Praxisbeispielen, wie eng der Zusammenhang zwischen inhaltlicher und formaler Klarheit oder Unklarheit ist. Anders ausgedrückt: Schreibende, die sich bemühen – je schwieriger der Inhalt, umso mehr –, klar zu sagen, was sie meinen und was die darzustellende Sache erfordert, die frönen nicht etwa einer so oder so zu bewertenden Stilkosmetik: Sie halten etwas von Denkdisziplin. Und – nicht unsympathisch, nicht wahr? – sie behalten ihre Partnerseite, die Lesenden, im Auge und versuchen, ihnen das Leben zu erleichtern.

# Gedanke
## und Ausdruck

# 1 Gut gemeint

**F**ußball-Fernsehreportage am 16. Oktober 1999. Der Ton sei weg gewesen, sagte der Reporter. Dann:

> Wenn das bei Ihnen auch so war, bitte ich, das ganz herzlich zu entschuldigen.

Dergleichen passiert öfter. Überall kommen Fehler vor. Und wo die Technik im Spiel ist ... So großartig sie sein kann, vor Pannen ist niemand sicher. Also werden sicherlich alle großzügig sein und es entschuldigen, wenn einmal etwas nicht klappt, wie es soll. Dass wir uns trotzdem gelegentlich über solche Pannen ärgern, ist klar. Aber mit ein bisschen Einsicht und gutem Willen ... Dennoch mag es sein, dass Ihnen an der Bitte des Reporters etwas missfällt.

# 1 Gut gemeint

**D**er Text nach dem Hinweis, der Ton sei weg gewesen, lautete:

> Wenn das bei Ihnen auch so war, bitte ich, das ganz herzlich zu entschuldigen.

Dass der Ton weg war, soll – bitte – entschuldigt werden. Von wem? Natürlich von den Fernsehzuschauenden. In Ordnung. Aber kann der Reporter verlangen, wenn auch höflich mit »bitte«, dass sie das nicht nur tun, sondern »ganz herzlich« tun? Wohl kaum.

Gewiss wollte er uns das auch nicht zumuten. Hat's aber leider getan: indem er das »ganz herzlich« an die falsche Stelle setzte. Der Ausdruck bildet hier eine adverbiale Bestimmung zu »entschuldigen«. Wie entschuldigen?

Sobald der Fehler entdeckt ist, macht das Korrigieren keine Mühe.

Wenn das bei Ihnen auch so war, bitte ich ganz herzlich, das zu entschuldigen.

Nebenbei: Wenn »herzlich« oder sogar »ganz herzlich« in derlei Zusammenhängen gebraucht wird, und zwar oft gebraucht wird – so ist es –, dann fällt es allmählicher Entwertung anheim. Ein bisschen weniger – »bitte« genügt! – ist sinnvoller und glaubwürdiger.

Art des Fehlers: **falsche Wortstellung**.

## 2  Was hat wer getan?

In einem Artikel einer Tageszeitung vom 16./17. Oktober 1999 war zu lesen:

> C. beteuerte am Freitag wie erwartet seine Unschuld. Der hagere 54-Jährige im dunklen Anzug machte vor Gericht einen gefassten Eindruck. »Die gegen mich erhobenen Anschuldigungen habe ich nicht begangen«, erklärte er mit ruhiger Stimme.

Hier gibt es nun gar keinen Zweifel daran, dass der 56-Jährige im dunklen Anzug, einen gefassten Eindruck machend, die Wahrheit gesagt hat. Wieso? Dem Gerichtsreporter scheint es nicht aufgefallen zu sein. Und Ihnen?

17

## 2 Was hat wer getan?

**R**eicht es denn nicht aus, wenn ein Text, selbst wenn er falsch formuliert ist, richtig verstanden wird?

Es war, wenn ich mich richtig erinnere, der Sprachpädagoge Werner Staib, der vor rund 40 Jahren in den »Deutschen Sprachbriefen« der Bosch-Schriftenreihe darauf gleichermaßen außergewöhnlich wie zutreffend so geantwortet hat: Wenn wir zu einem Esel »Hü!« sagen, wird der Esel das auch richtig verstehen.

Das ist deutlich. Wir sind keine Esel, und deshalb sollten wir uns auch nicht damit begnügen, »irgendwie« richtig verstanden zu werden.

Natürlich hat der Mann die gegen ihn erhobenen Anschuldigungen nicht begangen – das haben andere getan. Der Staatsanwalt hat die Anschuldigungen erhoben und vielleicht ein Zeuge oder mehrere Zeugen. Was der Angeklagte dagegen begangen oder auch nicht begangen hat, ist der Inhalt dieser Anschuldigungen, und das sollte vor Gericht geklärt werden. Also:

Die gegen mich erhobenen Anschuldigungen sind falsch.

Oder:

Was man mir vorwirft, habe ich nicht gemacht.

Oder:

Die Taten, deren man mich beschuldigt, habe ich nicht begangen.

Art des Fehlers: **falscher Bezug**.

## 3 Leicht gesagt

**A**ls es bei den Paris-Open-Tennismeisterschaften am 2. November 1999 zwischen Enqvist und Grosjean im dritten Satz 2:2 stand, verschlug Enqvist einen Ball, den man nach landläufiger Meinung fast gar nicht verschlagen kann. Der Euro-Sport-Reporter kommentierte:

> Oh, oh! Welch leichter Fehler!

Diese Formulierung ist für derlei Ereignisse im Tennis zur Standardaussage geworden. Nur sehr selten ist etwas anderes zu hören. Dann muss diese Formulierung ja wohl richtig sein, und richtig heißt: dem Geschehen auf dem Tennisplatz angemessen. Oder?

## 3 Leicht gesagt

**D**er Text lautete:

> Oh, oh! Welch leichter Fehler!

Der Reporter hat sich geirrt. Und mit ihm irren sich alle Reporterkollegen, die mit derselben Formulierung arbeiten.

Wenn jemand einen schwer zu schlagenden Ball gut zurückschlägt und dabei das Ziel um zwei Zentimeter verfehlt, dann hat er einen ganz kleinen, einen leichten Fehler gemacht. Und der ist dann meistens entschuldbar, denn er hat ja keinesfalls schlecht gespielt.

Wenn jemand dagegen einen Ball, den er nahezu hundertprozentig in einen Punkt verwandeln muss, verschlägt, dann hat er doch offenbar einen sehr schweren Fehler gemacht.

Nehmen wir zum Vergleich das Fußballspiel zu Hilfe. Schießt jemand einen Elfmeter hoch übers Tor ins Aus, so wird niemand behaupten, er habe einen leichten Fehler gemacht. Jedem ist klar, dass dies ein grober, ein schwerer Fehler gewesen ist.

Komisch, nicht wahr, dass der sprachliche Fehler, den wir entdeckt haben, nur im Tennissport vorkommt?

Art des Fehlers: **falsche Wortwahl**.

## 4 Suchen und finden, bitte!

In den »Gesammelten Schriften« des großen Arztes Viktor von Weizsäcker, Band 5 (»Der Arzt und der Kranke«, Suhrkamp) – besonders empfehlenswert! –, findet sich der folgende Satz:

> Was aber das Entscheidende war: auch in jenen Fällen wo wir eine solche handgreifliche Schädigung, ein solches »Trauma« zunächst nicht entdecken können, auch da liegt es überall vor, wenn wir nur zu suchen wüssten.

Dass nach diesem Doppelpunkt das »auch« mit großem Anfangsbuchstaben geschrieben werden muss, sei leichten Herzens verziehen, zumal der Autor in solchen Fällen immer mit kleinem Buchstaben beginnt, also konsequent ist.

Doch was ist mit …? Nun sind Sie an der Reihe.

# 4 Suchen und finden, bitte!

**N**och einmal:

> Was aber das Entscheidende war: auch in jenen Fällen, wo wir eine solche handgreifliche Schädigung, ein solches »Trauma« zunächst nicht entdecken können, auch da liegt es überall vor, wenn wir nur zu suchen wüssten.

Wir wissen genau, was gemeint ist. Wenn wir nur zu suchen wüssten, würden wir die handgreifliche Schädigung, das Trauma, finden. Aber dass es da liegt, wenn wir nur zu suchen wüssten, ist nicht anzunehmen; es liegt auch da, wenn wir – was offenbar der Fall ist – nicht zu suchen wissen. Ob das Trauma da liegt, hängt nicht von unserem Suchen ab, ist aber in der vorliegenden Formulierung davon abhängig gemacht worden. Es fehlt ein Stück, nämlich:

> Was aber das Entscheidende war: Auch in jenen Fällen, wo wir eine solche handgreifliche Schädigung, ein solches »Trauma« zunächst nicht entdecken können, auch da liegt es überall vor, und wir würden es entdecken, wenn wir nur zu suchen wüssten.

Wenn wir nur wüssten, wie wir zu suchen hätten, würden wir das Trauma, das auch in jenen Fällen überall vorhanden ist, sicherlich finden.

Art des Fehlers: **unzulässige Verkürzung**.

## 5 Aber, aber ...

Noch ein Zitat aus Viktor von Weizsäckers sehr lesenswertem Buch »Der Arzt und der Kranke« (Suhrkamp):

> Ich brauche nun gerade Ihnen nicht von den unechten Koppelungen und Vertretungen der Ethik und des Nutzens, des Geschlechtsgefühls und des religiösen Erlebens, des wissenschaftlichen Erkenntnisgenusses und der Frömmigkeit (Theologie!), von den mannigfachen Ersatzlügen auf all diesen Gebieten zu sprechen. Aber Sie wissen aus Ihrer eigenen Erfahrung, wie schwer diese Kritik bei uns selbst und bei anderen ist.

Nicht so glücklich ist vielleicht die Formulierung »Ich brauche nun gerade Ihnen nicht ... von den ... zu sprechen«. Doch diese kleine Abweichung vom Üblichen – zum Beispiel »vor Ihnen ... zu sprechen« – fällt kaum auf. Wie kommt das? Die Ausdrücke »Ihnen nicht« und »zu sprechen« stehen weit voneinander entfernt.

Aber hier geht es ja nicht um glückliche, sondern um fehlerhafte Formulierungen. Gar nicht so leicht zu finden!

## 5 Aber, aber ...

Welches sprachliche Mittel hilft uns, zwei Gedanken sinnvoll zu verbinden? Naütrlich, es sind die Bindewörter (Konjunktionen), diese kleinen Wörter wie: aber, denn, oder, trotzdem, und ... sowie: damit, dass, obwohl, soweit, wenn ... Die erste Sorte steht am Anfang von Hauptsätzen, die zweite in der Startposition von Nebensätzen.

Vielleicht, weil sie so klein sind, erscheinen sie uns nicht gar so wichtig, sodass wir ihnen manchmal zu wenig Aufmerksamkeit schenken. Und was kann dann leicht dabei herauskommen? Ein brüchige Verbindung. Vielen mag das nicht auffallen. Aber sprachempfindsamen Lesenden vermitteln falsch gebrauchte Bindewörter meistens so ein Gefühl, als stimme etwas nicht – wobei sie oft nicht gleich die Ursache dieses richtigen Eindrucks erkennen. Empfehlung: Wenn das Gefühl eine rosarote Ampel zeigt – noch einmal lesen! Meistens hat das Gefühl Recht.

## 6 Gedankengänge

**E**ine Abgeordnete in einer Bundestagsdebatte:

> Ich bitte, nun erst einmal meine Gedankengänge – und nicht nur einen – hier darzulegen.

Wenn sie »Gedankengänge« sagt, kann es sich nur um mehrere handeln. Die Einfügung »und nicht nur einen« ist überflüssig. Ist diese Argumentation nicht ein bisschen pedantisch? Gemeint hat sie ja wohl:

> ... meine Gedankengänge – und wenn ich »Gedankengänge« sage, meine ich nicht nur einen Gedankengang – hier darzulegen.

Wer nicht kleinlich ist, wird diese Auslegung zugestehen und die Einfügung als eine zulässige Verkürzung auffassen.

Noch einmal der Pedant: Wo könnte sie denn in dieser Situation ihre Gedankengänge sonst darlegen, wenn nicht »hier«? Überflüssig. Na ja ... auch in dieser Beziehung ist eher Großzügigkeit am Platz.

Nun bleibt nicht mehr viel übrig, was kritisiert werden könnte. Und dennoch geben die wenigen Worte Gelegenheit, einen Denkfehler zu begehen. Welchen?

## 6 Gedankengänge

Noch einmal die Aussage der Bundestagsabgeordneten:

> Ich bitte, nun erst einmal meine Gedankengänge – und nicht nur einen – darzulegen.

Wer will die Gedankengänge darlegen? Die Rednerin natürlich. Sie bittet also, etwas zu tun. Wen könnte sie sinnvollerweise bitten? Die anderen Abgeordneten. Bittet sie die? Nein. Wie ist es, wenn wir die anderen durch ein »Sie«, an das sich die Bitte richtet, zu veranlassen versuchen, ihr die Möglichkeit der Darlegung zu geben?

> Ich bitte Sie, nun erst einmal meine Gedankengänge – und nicht nur einen – darzulegen.

So geht es auch nicht. Denn jetzt würde sie die anderen bitten, ihre, also der Rednerin Gedankengänge darzulegen. Nein, das Darlegen muss und will sie ja selbst tun.

Was sie wirklich ausdrücken möchte, ist dies: Sie will erreichen, dass sie das darf. Was? Ihre Gedankengänge darlegen. Ganz einfach:

> Ich bitte, nun erst einmal meine Gedankengänge – und nicht nur einen – darlegen zu dürfen.

Modalverben, wie »dürfen, können, müssen«, sind wertvolle, unauffällige Helfer. Aber so klein sie sind: Auch sie haben ihren nicht zu unterschätzenden Anteil an der Gestaltung einer sinnvollen Rede.

Übrigens, die falsche Formulierung könnte, in anderem Zusammenhang, auch richtig sein. Halt! Was heißt »auch«? Es wurde ja noch gar kein Zusammenhang gezeigt, in dem sie richtig wäre. Also: Die falsche Formulierung könnte, in anderem Zusammenhang, richtig sein.

Nehmen wir an, unsere Bundestagsabgeordnete veranstaltet eine Diskussion in ihrem Wahlkreis. Neben ihr sitzt eine enge Mitarbeiterin, die in dieses politische Geschäft eingearbeitet werden soll.

Zu dieser Nachwuchskraft sagt sie:

> Ich bitte (Sie), nun erst einmal meine Gedankengänge (zu diesem Thema) in kurzen Zügen darzulegen.

In Ordnung, nicht wahr. Karl Kraus, Sprachgenie aus Wien, in seinem Buch »Die Sprache« (Kösel-Verlag) unter dem Titel »Daran vergessen«: »Es gibt in der Sprache nichts Falsches, das die Sprache nicht zu einem Richtigen machen könnte.« Ergänzt: Es gibt in der Sprache viel Falsches, das in anderem Zusammenhang richtig sein könnte.

Art des Fehlers: **unzulässige Verkürzung**.

## 7 Das Über-Ich und die Ideen

Aus einem Lehrbuch, das sich mit »Kreativem Schreiben« befasst:

> Wenn der Schreiber sein Über-Ich nicht von der Harmlosigkeit seiner Phantasien überzeugen kann, versiegt jede Schreibidee.

Was ist gemeint? Wenn das regierende Über-Ich (aus Freuds Seelenbaukasten) bestimmte Fantasien nicht zulässt, wird einem in diesem Fantasiezusammenhang auch nichts einfallen. Es mag aber auch sein, dass einem nichts mehr einfällt, wenn man merkt, dass die eigenen Fantasien harmlos sind, und wenn einem klar wird: Harmlos ist hier gleich belanglos. Doch lassen wir das dahingestellt.

Es wirkt ja schon aufbauend, wenn Kreativität, welchen Umfangs sie nun sein mag, auch in der Form des Adjektivs »kreativ« großgeschrieben wird, rückt man sie damit doch immerhin in die Nachbarschaft eines Regierenden Bürgermeisters, der Holsteinischen Schweiz, des Ersten Weltkriegs oder des Atlantischen Ozeans.

Aber das alles ist für unser Ziel der Betrachtung – harmlos, sodass unser Über-Ich nicht einzuschreiten braucht. Und was ist, soweit es den »Gedanken als sinnvollen Satz« betrifft, weniger harmlos?

## 7 Das Über-Ich und die Ideen

Nein, wir müssen sie auch, die Ideen nämlich, aus dem Stadium des »Vorschwebens« (Bochensky) in die Realität von Sätzen umgestalten. Also?

> Wenn der Schreiber sein Über-Ich nicht von der Harmlosigkeit seiner Phantasien überzeugen kann, versiegt jede Schreibidee.

Wenn eine Idee »versiegt«, muss sie schon vorhanden gewesen sein, muss der Schreiber den Zustand des Fantasierens bereits überwunden und zu einem kreativen Gedanken, zu einer Idee gefunden haben. Warum sollte die Idee, die sich in unserem Kopf gebildet hat, die also da ist, warum sollte sie versiegen? Vielleicht hat der Schreiber sie ja sogar – sehr üblich – mit ein paar Stichworten schriftlich festgehalten!

Ach nein, der Autor meint gar nicht die aus Fantasien schon entstandene Idee; was seiner Meinung nach versiegt, ist die Ideenquelle; eine Idee hat sich aus den Fantasien noch gar nicht entwickelt, und bevor diese Entwicklung geschehen kann, versiegt die Quelle unter den rigorosen Befehlen des Über-Ichs. Gemeint war:

> Wenn der Schreiber sein Über-Ich nicht von der Harmlosigkeit seiner Fantasien überzeugen kann, versiegt jede Ideenquelle.

Das ist besser, aber immer noch nicht gut genug. Wenn eine Ideenquelle versiegt, muss sie ja schon gesprudelt oder zumindest getröpfelt haben. Eindeutig:

> Wenn der Schreiber sein Über-Ich nicht von der Harmlosigkeit seiner Fantasien überzeugen kann, entsteht keine Schreibidee.

Oder:

> … blockiert es das Entstehen jeder Schreibidee.

Der ganze Fall mag harmlos sein. Aber in einem Buch, das kreatives Schreiben lehren will …? Wenn großzügige Unordnung des Denkens mit Kreativität verwechselt wird, kann Kreativität nicht gedeihen.

# 8 Umfragen

In der ARD-Sendung »Presseclub« am 14. November 1999 wurde diskutiert, wie lange sich die Rot-Grünen noch in der Regierung halten würden. Alle Umfragen stellten zu der Zeit den Regierenden schlechte Zeugnisse aus; laut Umfragen wurde die SPD mit 33 Prozent, die CDU mit 48 Prozent gehandelt. Einer der Diskutierenden sagte:

> Da helfen uns solche Umfragen nicht so entsetzlich weiter.

Wie schön für die SPD, wenn seine Meinung richtig wäre. Doch darum geht es hier natürlich nicht, sondern um Denkfehler. Nur – wo soll in diesem kurzen Satz ein Denkfehler sein? Zugegeben, es geht hier nicht um einen der üblichen Denkfehler, aber mit dem Denken hat die Formulierung schon einiges zu tun.

# 8 Umfragen

Wie war das mit den Umfragen? Wie wollte der Presseclub-Diskutant ihren Wert relativieren?

> Da helfen uns solche Umfragen nicht so entsetzlich weiter.

Umfragen liefern statistisches Material; sie werden heute für alles Mögliche eingesetzt: für die Stimmung in den neuen Bundesländern, für die Akzeptanz von Steuererhöhungen oder die Unverträglichkeit von Geschmacksverstärkern in unseren Nahrungsmitteln.

Nehmen wir an, solche Zahlen wiesen einen steilen Anstieg von Gewalttaten in deutschen Schulen aus, dann würde eine überwältigende Mehrheit der Deutschen das wahrscheinlich für entsetzlich halten. Sicherlich wäre man dann nicht den Umfragern böse oder den Zahlen, die sie ermittelt hätten; entsetzt wären sie vielmehr über den Inhalt, den die Umfragezahlen ausdrückten.

Umfragen können sehr viel oder sehr wenig weiterhelfen oder: wesentlich weiterhelfen, hervorragend weiterhelfen, ganz und gar nicht weiterhelfen, nicht im Geringsten weiterhelfen. Und so fort. Aber: nicht so entsetzlich weiterhelfen?

Das Wort »entsetzlich« passt nicht zur Aussage, und zwar so eindeutig nicht, dass man fragen muss: Was hat sich der Verwender dabei gedacht? Zu seinen Gunsten ist nur zu sagen: Er hat sich nichts dabei gedacht, hat das nur so dahingesagt.

Trotz der offenkundigen Denkschwäche, die der Formulierung zugrunde liegt, wäre der Satz hier nicht erschienen, wenn er nicht in die Reihe ähnlicher Ausdrücke gehörte:

super, unheimlich, wahnsinnig

Das reicht von »supergut drauf sein« über »unheimlich raffinierte Spielzüge« bis zu »wahnsinnig guter Musik«. Und das sind die harmlosen Verbindungen dieser Art. Offenbar muss jede noch so belanglose Aussage bis zur höchsten Formulierung, die einem einfallen mag, gesteigert werden. Und dabei passiert – wie könnte es anders sein? – ein Missgeschick nach dem andern.

Gewiss ist es nicht angebracht, das besonders ernst zu nehmen, wenn es in der Jugend-, der Schlager- oder der Werbesprache geschieht. Was früher »prima« war, ist heute eben mal »wahnsinnig top« oder »supergeil« oder »unheimlich cool«. Wenn sich derlei vergängliche Sprachmoden allerdings in das Reden und Schreiben von Redakteuren und Politikern einschleichen und dort mit dem Sinn der Aussage nichts zu tun haben können oder ihn sogar auf den Kopf stellen …

Art des Fehlers: **falsche Wortwahl.**

# 9 Unterschiedliche Interpretationen

Aus einem Bericht der Geschäftsleitung:

> Diese Umorganisation bedingt eine vereinfachte Lagerhaltung.

Manchmal besteht ein Denkfehler – vielleicht besser: eine Denkschwäche – darin, dass beim Schreiben oder Reden Mehrdeutigkeiten übersehen werden.

Mehrdeutigkeiten einer Formulierung entstehen oft dadurch, dass eine eindeutige Informationsabsicht vorliegt und im Kopf nur diese eine Absicht realisiert wird. Ich weiß, ich will x sagen, wähle dafür einen treffenden Ausdruck, merke aber infolge meines Tunnelblicks auf x nicht, dass dieser Ausdruck auch etwas anderes bedeuten kann, vielleicht sogar Gegensätzliches.

Wenn die andere Bedeutung in dem formulierten Zusammenhang unsinnig ist, kann kein Schaden entstehen. Wenn sie aber, neben der gemeinten Bedeutung, auch sinnvoll ist, dann wird's kritisch.

Beispiel: Eine Versicherungsnehmerin (VN) liest in einem Brief ihres Versicherungsgebers: »Wir bitten Sie, Ihre Ersatzansprüche aufzugeben.« Sie ist mit den Formulierungsgewohnheiten im Versicherungsbereich nicht vertraut, und sie argwöhnt, dass Versicherungsgesellschaften »ja immer« nach Ausflüchten suchen, wenn sie zahlen sollen. Also kommt ihr beim Lesen dieses Satzes nur eins in den Sinn: Ich soll auf meinen Anspruch verzichten – ihn aufgeben. Auf diese Interpretation ist dagegen der Schreiber überhaupt nicht gekommen. Er meinte, ganz VN-freundlich, die Empfängerin seiner Nachricht solle ihren Versicherungsanspruch nennen, spezifizieren – *an*geben.

Zurück zu unserem Beispielsatz. Was entdecken Sie?

# 9 Unterschiedliche Interpretationen

Die Formulierung lautete:

Diese Umorganisation bedingt eine vereinfachte Lagerhaltung.

Was bedeutet »bedingen«? Dudens »Deutsches Universalwörterbuch« nennt mehrere Bedeutungen: bewirken, zur Folge haben, verursachen – erfordern, voraussetzen. Hinzufügen können wir: zur Bedingung machen.

Aus dieser Aufklärung über die Wortbedeutung ergeben sich zwei Möglichkeiten der Satzinterpretation:

1 Diese Umorganisation erfordert (setzt voraus, macht zur Bedingung) eine vereinfachte Lagerhaltung.

Das heißt, die Organisation lässt sich in der beabsichtigten Weise nur ändern, wenn die Lagerhaltung vereinfacht wird.

2 Diese Umorganisation bewirkt (hat zur Folge, und in diesem Sinne hier auch: ermöglicht) eine vereinfachte Lagerhaltung.

Die erste Interpretation macht auf ein Hindernis aufmerksam, die zweite verspricht einen Vorteil. Was sollte gesagt werden?

Eine Verbesserung des Satzes bedingt (erfordert) das Wahrnehmen der unterschiedlichen Bedeutungsmöglichkeiten, und sie bewirkt (bedingt) das Ersetzen der mehrdeutigen Formulierung durch eine eindeutige (s. 1 und 2). Je nachdem, was gemeint war.

Die Fehlerursache, die Denkschwäche besteht darin, dass jemand beim Formulieren nicht erkennt: Was ich gerade schreiben will – oder schon zu Papier gebracht habe –, bietet zwei unterschiedliche Inhaltsvarianten an.

Art des Fehlers: **Mehrdeutigkeit**.

31

# 10 Wann passiert was?

In dem Duden-Taschenbuch »Wie schreibt man gutes Deutsch« (»**Eine Stilfibel** von Ulrich Püschel«) finden wir unter der Überschrift »Das Grundprinzip der Satzgliedstellung« – »Bekanntes vor Neuem« folgenden Satz, der ausführlich besprochen wird:

> Bei der Gründung eines Unternehmens liegen Erfolg und Misserfolg nahe beieinander.

Man könnte auch schreiben:

> Erfolg und Misserfolg liegen bei der Gründung eines Unternehmens nahe beieinander.

> Nahe beieinander liegen Erfolg und Misserfolg bei der Gründung eines Unternehmens.

> Nahe beieinander liegen bei der Gründung eines Unternehmens Erfolg und Misserfolg.

Alle vier Fassungen sind korrekt formuliert. Aber wir merken sofort, dass sie sich in der Betonung unterscheiden, also feine Bedeutungsvarianten sind.

Zu fragen bleibt, ob beim Formulieren – gleichgültig, bei welcher dieser Varianten – überhaupt der gemeinte Grund-Sinn richtig getroffen ist. Wurde das formuliert, was gemeint war?

# 10 Wann passiert was?

**W**as geschieht bei Gründung eines Unternehmens?

Erfolg und Misserfolg liegen bei der Gründung eines Unternehmens nahe beieinander.

Haben Sie schon einmal ein Unternehmen, vielleicht eine GmbH, gegründet? Bei einer solchen Unternehmensgründung müssen allerlei Bedingungen erfüllt werden. Zum Beispiel: Die Gesellschafter müssen einen Gesellschaftsvertrag schließen, der notariell zu beurkunden ist. Besonders wichtig: dass sie ein bestimmtes Stammkapital aufbringen. Wer alle Forderungen, die mit einer GmbH-Gründung zusammenhängen, erfüllt, hat keinerlei Probleme. Der Gründungserfolg ist sicher. Nur wer sich an die Gesetze nicht hält, wird einen Misserfolg erleben.

Natürlich liegen Erfolg und Misserfolg hier nahe beieinander. Zum Beispiel: vorgeschriebenes Gesellschaftskapital aufgebracht – Erfolg; nicht aufgebracht – Misserfolg. So einfach ist das. Aber konnte dies gemeint sein? Gewiss nicht. Sondern:

> Erfolg und Misserfolg liegen in den ersten drei Jahren nach der Gründung eines Unternehmens nahe beieinander.

Oder zeitlich unbestimmter:

> Erfolg und Misserfolg liegen in der ersten Zeit nach der Gründung eines Unternehmens nahe beieinander.

Genauer wäre:

> Erfolg und Misserfolg liegen in der ersten Zeit nach der Gründung eines Unternehmen oft nahe beieinander.

33

Das »oft« ist wirklichkeitsnäher, denn es gibt sicher auch Unternehmen, die in den ersten Jahren Gewinne über Gewinne machen, also keinerlei Schwierigkeiten haben, aber in gefährliches Fahrwasser geraten, wenn sich vielleicht nach fünf oder zehn Jahren die Marktsituation zu ihren Ungunsten ändert.

Doch zurück zu unserem Beispielsatz: Er sagt etwas aus, was gar nicht ausgesagt werden sollte. Das Heil des Erfolgs oder das Unheil des Misserfolgs zeigt sich nicht bei, sondern nach der Gründung eines Unternehmens – meistens in der ersten Zeit nach der Gründung eines Unternehmens.

Art des Fehlers: **falsche Zeitangabe**.

## 11 Anfallende Fehlerchen vermeiden!

Gesucht wird »ein/e Sekretär(in) / Assistent(in)« für eine renommierte Anwaltskanzlei. Am Schluss heißt es:

> Falls wir Ihr Interessse geweckt haben, senden Sie bitte Ihre kompletten Bewerbungsunterlagen mit Ihrer Gehaltsvorstellung an …

Dieser Satz enthält einen typischen Denkfehler, der uns in Personalanzeigen immer wieder begegnet. Das gilt auch für den folgenden Satz, ebenfalls aus einer Personalanzeige:

> Sie sind daran interessiert, alle anfallenden Sekretariatsaufgaben selbstständig und verantwortungsvoll zu bearbeiten.

Ja, eine solche Sekretärin möchte man haben. Wünschen wir dem Inserenten, dass er sie durch seine Anzeige bekommen hat!

In dieser Anzeige wurde übrigens – ob absichtlich oder ahnungslos – nur eine »Sekretärin« gesucht. Verstoß gegen die Gleichberechtigung – nur anders als gewohnt.

Und noch ein typischer Fehler, aus derselben Zeitungsausgabe:

SIND SIE SICHER, OB SIE IN ZUKUNFT NOCH GEBRAUCHT WERDEN?

Sind Sie sicher, dass Sie den Fehler – einen von vielen dieser Art – entdecken?

## 11 Anfallende Fehlerchen vermeiden!

**W**ie war das? Was sollte die Bewerberin oder der Bewerber tun?

Falls wir Ihr Interesse geweckt haben, senden Sie bitte Ihre kompletten Bewerbungsunterlagen mit Ihrer Gehaltsvorstellung an ...

Dass die Inserierenden komplette Bewerbungsunterlagen haben möchten, ist verständlich, ja fast selbstverständlich. Dass die Interessierten diese Unterlagen mit der Post senden – auch klar. Aber wie sollen sie bloß ihre Vorstellung ... ihre Gehaltsvorstellung senden? Dazu bedürfte es telepathischer Fähigkeiten der Inserierenden. Verbessern wir! Schwierig? Nein.

Falls wir Ihr Interesse geweckt haben, senden Sie bitte Ihre kompletten Bewerbungsunterlagen, und schreiben Sie uns, wie viel Sie verdienen möchten.

Oder:

... welches Gehalt Sie sich vorstellen.

Unser zweiter Fall, ebenfalls aus einer Personalanzeige:

Sie sind daran interessiert, alle anfallenden Sekretariatsaufgaben selbstständig und verantwortungsvoll zu bearbeiten.

Ist das nicht tröstlich, dass die neue Mitarbeiterin nur die anfallenden, nicht etwa auch die nicht anfallenden Sekretariatsaufgaben bearbeiten soll?

Natürlich kann es nur um die Sekretariatsaufgaben gehen, die gestellt werden – das stereotype »anfallende« ist in diesen und ähnlichen Zusammenhängen überflüssig. Kein großartiger Denkfehler! Wir erkennen nur an solchen Formulierungen: Nicht gedacht, nicht nachgedacht, nur nachgeplappert.

Und wie war das mit der Sicherheit?

SIND SIE SICHER, OB SIE IN ZUKUNFT NOCH
GEBRAUCHT WERDEN?

Demnächst sollen Texte nicht mehr mithilfe einer Tastatur und flinken Fingern geschrieben, sondern stattdessen einfach in ein Gerät hineingesprochen werden. Da mag sich manch eine Sekretärin

fragen, ob sie in Zukunft noch gebraucht wird.

Sie fragt sich, *ob* …, weil sie nicht sicher ist, *dass* sie noch gebraucht wird. Das »sicher sein« lässt sich mit »ob« so verbinden:

Ich frage mich, ob ich noch gebraucht werde.
Ob ich noch gebraucht werde? Ich bin nicht sicher.

Ich bin sicher, dass sich dies demnächst entscheidet.
Ich bin nicht sicher, ob sich dies demnächst entscheidet.

Art des Fehlers: **falscher Bezug.**

## 12 Den Mund zu voll genommen

In einer Fernsehdiskussion über Ausbildung, Weiterbildung und Bildung überhaupt holte der Bildungsbeauftragte eines großen Unternehmens die Internetfans auf den Boden der Realität zurück, indem er darauf hinwies, dass es bei den Berufsanfängern vor allem an Kenntnissen in Mathematik und Deutsch mangele. Und als ein anderer sofort die große Bedeutung der Fremdsprachen ins Redespiel brachte, rief jemand dazwischen: »Deutsch – Deutsch – Deutsch!«

Zusammenfassende Aussage des Bildungsbeauftragten:

> Es fehlt an der Fähigkeit, sich richtig ausdrücken zu können.

Der Bildungsbeauftragte hat ja so Recht. Dennoch ...

## 12 Den Mund zu voll genommen

Wenn sich Unternehmerpersönlichkeiten und Bildungsbeauftragte über fehlende Deutschkenntnisse der Bewerberinnen und Bewerber beklagen, haben sie stets Recht; und zugleich haben sie Unrecht: weil sie ihre eigenen Fehler übersehen.

> Es fehlt an der Fähigkeit, sich richtig ausdrücken zu können.

Dies ist nicht irgendein Flüchtigkeitsfehler, sondern ein typischer Denkfehler, der sich – zumal bei Bildungsbeauftragten – längst hätte herumgesprochen haben müssen.

Das Können ist eine Fähigkeit, die Fähigkeit, etwas zu können, also eine – natürlich ungewollte – Verdoppelung.

Ähnlich:

> Er war unfähig, sich verständlich machen zu können.
> Sie ist imstande, ihr Vorhaben ausführen zu können.
> Er ist in der Lage, das Geld aufbringen zu können.
> Wir haben die Möglichkeit, das Angebot ablehnen zu können.
> Es ist uns möglich, das Angebot ablehnen zu dürfen.
> Wir haben die Erlaubnis, die Anlage besichtigen zu dürfen.
> Sie hat die Zusage, sich informieren zu dürfen.
> Es ist ihm unbenommen, sich anderweitig bewerben zu dürfen.
> Man hat uns anheim gestellt, den Vorschlag akzeptieren zu dürfen.

Immer genügt dieses oder jenes.

> Er war unfähig, sich verständlich zu machen.
> Er konnte sich nicht verständlich machen.

Also: Wer etwas verdoppelt ausdrückt, obwohl er es einfach sagen will, nimmt offenbar den Mund ein bisschen zu voll – und merkt es nicht.

## 13 Landeshundeverordner

Ein Anzeigenblatt brachte dankenswerterweise am 19. Juli bereits wichtige Auszüge aus der am 6. Juli 2000 im Schnellverfahren erlassenen Landeshundeverordnung in Nordrhein-Westfalen, die also schon fast zwei Wochen galt, den Bürgerinnen und Bürgern jedoch unbekannt war. Ein Satz aus dem Kommentartext lautete:

> Hundeattacken auf Menschen mit schwersten Verletzungen, sogar mit tötlichem Ausgang hatten die deutschen Landesregierungen veranlasst, schnell zu handeln.

Und hier ein Zitat aus dem Verordnungstext:

> Gefährlich sind Hunde,
> ... die in gefahrbedrohender Weise einen Menschen angesprungen haben.

Was meinen wir dazu?

## 13 Landeshundeverordner

**D**ass Journalistikprofis die neue Rechtschreibung schon zwei Jahre nach ihrer Einführung einigermaßen beherrschen, ist nicht zu erwarten und, nach allen Erfahrungen, auch nicht zu verlangen. Dass sie aber auch im alten Rechtschreibsystem nicht zu Hause sind – selbst wenn sich die Schreibweise gar nicht geändert hat –, mag diese oder jenen verwundern. Zu Unrecht! Wer ein bisschen aufmerksam seine Zeitung liest, egal welche, der weiß: Sie konnten es noch nie, und sie werden es nie können. Gemeint ist damit nicht Perfektion, sondern nur so viel, dass die Schulnote »gut« gerechtfertigt wäre.

Eins der wichtigsten Wortfelder in der NW-Landeshundeverordnung: Tod – tot. Dürfen wir also damit rechnen, dass wenigstens in diesem Bereich korrekt gedruckt wird? Nein. Denn seit wann ist »tötlich« statt »tödlich« zu schreiben?

In der Zeichensetzung ist es nicht anders, denn dass eine Einfügung nicht nur vorn, sondern auch hinten durch Komma abzugrenzen ist, wussten wir früher spätestens in der Sexta. Also:

> Hundeattacken auf Menschen mit schwersten Verletzungen, sogar mit tödlichem Ausgang, hatten die deutschen Landesregierungen veranlasst, schnell zu handeln.

Doch nun zu einem Denkfehler in dieser Verordnung, die nach übereinstimmender Fachleuteansicht von ahnungslosen Verordnern ebenso wild wie töricht zusammengeschustert worden ist. Es geht um den Ausdruck:

in gefahrbedrohender Weise

Falls wir vorsichtshalber im Duden nachschlagen, werden wir »gefahrbedrohend« nicht finden. Doch dieser Aufwand wäre auch überflüssig, denn das Wort ist unsinnig.

In »gefahrbringend« wird Gefahr gebracht. Und in »gefahrbedrohend«? Wird da die Gefahr bedroht?

Es gibt »gefährlich« und »gefahrvoll«, und es gibt »bedrohlich«, »bedrohend« und »drohend« – »gefahrbedrohend« ist semantischer Unfug.

Also: »in gefährlicher Weise« hätte genügt und wäre treffend gewesen, auch »in bedrohlicher Weise« oder »in bedrohender Weise«, aber »in gefahrbedrohender Weise«?

Zu muntere, auffällige Hunde werden, wenn man's denn gerade für angebracht hält, eingeschläfert. Bei manchen Politikprofis, die Verordnungen formulieren, ist besondere Munterkeit nicht zu befürchten – höchstens wenn es um ihre Posten und Diäten geht –, und schlafen tun sie ohnehin. Hätten sie nicht jahre- und jahrzehntelang geschlafen, wären die rabiaten Verordnungen des Sommers 2000 gar nicht nötig geworden. Aber lassen wir uns nicht täuschen! Selbst wenn sie wach erscheinen, sind sie offenbar geistig nur unzureichend vorhanden, sodass sie »in gefahrbedrohender Weise« mit ihrer und unserer Sprache umgehen.

Art des Fehlers: **falsche Wortbildung**.

## 14 Gefälligkeit gefällig?

**A**m 3. August 2001 wurde in einer Tageszeitung eine traurige Mitteilung gemacht. Überschrift:

Seit den 80er Jahren

**44 Arbeiter wegen Asbest gestorben**

Neue Zahlen von RWE Rheinbraun

Der erste Satz – ein kleiner Wink:

> Im rheinischen Braunkohlenrevier sind seit den 80er Jahren insgesamt 44 RWE-Mitarbeiter an den Folgen von Asbestverseuchung gestorben.

Der Text enthält einen Fehlgriff, der so oder so ähnlich häufig vorkommt. Deshalb ist er hier aufgegriffen und zur Überlegung gestellt.

## 14 Gefälligkeit gefällig?

**H**ier noch einmal die Textstelle, auf die es ankommt:

**44 Arbeiter wegen Asbest gestorben**

Einem Verstorbenen wurde lobend nachgesagt, man habe ihn vor allem wegen seiner Aufgeschlossenheit und Großzügigkeit sehr geschätzt. Von einem Politiker hieß es, er sei wegen der Krankheit seiner Frau von seinem Ministeramt zurückgetreten.

Die Chefin konnte wegen einer Familienfeier an der Sitzung nicht teilnehmen.

In allen drei Fällen gab es für das Geschehen einen Grund. *Deswegen* war dieses so und jenes so. Aber wie ist es mit dem folgenden Satz?

Der Platz war wegen der Regenfälle unbespielbar geworden.

Hatte der Platz einen Grund, die Bespielbarkeit zu verweigern? Gewiss nicht. Er hatte keinen Grund und konnte auch nichts dafür. Sein Zustand der Unbespielbarkeit war eine Folge des schlechten Wetters.

Ein Satz, der den Unterschied noch einmal verdeutlicht:

Nachdem infolge von Asbestverseuchung mehrere Kinder krank geworden waren, musste die Turnhalle eben wegen der Asbestgefahr geschlossen werden.

Zurück zu unseren RWE-Arbeitern. Sie wollten dem Asbest natürlich mit ihrem Tod keine Gefälligkeit erweisen, indem sie wegen seiner Anwesenheit starben. Ihr Tod war vielmehr eine Folge der Asbestverseuchung – wie es übrigens in dem ergänzten Satz aus dem Artikel auch richtig gesagt wird.

Wenn mir eine Hantel auf den Fuß fällt, bekomme ich einen Bluterguss. Wegen dieser Erfahrung werde ich anschließend mit Hanteln wesentlich vorsichtiger umgehen. Im ersten Fall geht es um eine kausale Verbindung in Form eines natürlichen Ablaufs; im zweiten Fall geht es um ein Motiv, das mich vorsichtiger werden lässt.

Zu den beiden zu unterscheidenden Wörtern »wegen« und »infolge« gesellt sich eine dritte Präposition, die ebenfalls oft falsch eingesetzt wird: durch.

44 Arbeiter durch Asbest gestorben.

Wäre das denn richtig? Bilden wir zur Kontrolle noch ein paar Sätze mit »durch«.

Unsere Stürmer sind nur durch ihre Schnelligkeit zu diesen beiden Toren gekommen.

Dies wurde durch taktisch kluges Abwarten möglich gemacht.

Hat der Kanzler durch seine Politik der ruhigen Hand sein Ziel erreicht?

In allen drei Sätzen wird mithilfe von »durch« ein Mittel genannt, das zu einem bestimmten Ergebnis geführt hat oder führen sollte: Schnelligkeit, taktisch kluges Verhalten, Politik der ruhigen Hand.

Nun noch einmal alle drei Wörter im Kontrast:

Infolge seiner Unvorsichtigkeit zog er sich eine schwere Verletzung zu. (Das eine war die Ursache des anderen.)

Durch sofortige ärztliche Hilfe konnte das Schlimmste vermieden werden. (Das eine war das Mittel, das das andere ermöglichte.)

Wegen seiner schweren Verletzung hat er diesen recht gefährlichen Sport nach seiner Genesung nicht weiter betrieben. (Das eine wurde zum Motiv für das andere.)

Art des Fehlers: **falsche Wortwahl.**

43

## 15  Sprachliche Katastrophe?

**Z**u jeder Zeit gibt es auf unserem Globus irgendwelche Katastrophen: Vulkanausbrüche, Stürme, Überschwemmungen ... Die Natur macht uns zu schaffen. Dazu kommen solche Katastrophen, die vermeidbar wären. Doch sie *werden* nicht vermieden: weil sie von uns Menschen selbst verursacht oder zugelassen werden. Fast zu jeder Zeit gibt es Hungersnöte, fast zu jeder Zeit gibt es Kriege, fast zu jeder Zeit gibt es Terror – irgendwo in der Welt.

Zwei schlimme Ereignisse der Geschichte des 21. Jahrhunderts: die Zerstörung der Türme des World Trade Centers in New York und das menschliche Elend in Afghanistan unter der Diktatur. Der oft gebrauchte Ausdruck dafür, auch von Spitzenpolitikern immer wieder benutzt, heißt:

**humanitäre Katastrophe**

Trifft dieser Ausdruck das, was er sagt? Stimmen Gemeintes und Ausgedrücktes überein?

Wer sich dessen nicht sicher ist, wer Zweifel hat, schlägt am besten erst einmal im Duden nach. Und was fördert der Blick in den Duden zutage?

## 15  Sprachliche Katastrophe?

**W**as ist mit der häufig verwendeten Formulierung »humanitäre Katastrophe« gemeint, und was drückt sie aus?

Der Duden sagt uns, »humanitär« bedeute »menschenfreundlich, wohltätig«. Im Duden-Bedeutungswörterbuch finden wir:

auf das Wohlergehen des Menschen gerichtet; auf die Linderung menschlicher Not bedacht; wohltätig [in größerem Umfang]; Hilfe wird hier zu einer humanitären Pflicht; es ist nötig, die von der Katastrophe betroffene Bevölkerung h. zu unterstützen.

»Das große Wörterbuch der deutschen Sprache« nennt als Beispiele:

eine humanitäre Pflicht
eine humanitäre Organisation
humanitäre Zwecke, Aufgaben
die Ziele ihrer Arbeit sind rein humanitär

Bei der »humanitären Katastrophe« haben wir es also mit einer »menschenfreundlichen« oder »wohltätigen Katastrophe« zu tun. Sind die Katastrophen, die wir da erleben müssen, menschenfreundlich, wohltätig?

Wenn wir vor das Substantiv »Katastrophe« ein Adjektiv setzen, so kann es zwei Inhalte haben.

Erster Inhalt: Das Adjektiv beschreibt das Ausmaß der Katastrophe.

a) Diese Hungersnot führte zu einer furchtbaren Katastrophe.

b) Das Ergebnis der Versteigerung war für uns eine kleine Katastrophe.

c) Was dann passierte, war eine ganz verrückte Katastrophe.

Zu a: Eine Katastrophe ist zwar immer etwas Furchtbares, und insofern haben wir es hier mit einer Bedeutungsverdoppelung zu tun. Aber immerhin sind Katastrophen verschiedenen Ausmaßes denkbar.

Zu b: Die mögliche Ausmaßverschiedenheit wird zum Beispiel in der Gegenüberstellung »furchtbare« und »kleine Katastrophe« deutlich.

Zu c: Auch Formulierungen wie »eine ganz verrückte Katastrophe« können sinnvoll sein. Man hat zum Beispiel mit einer Katastrophe gerechnet, aber sie fiel völlig anders aus als erwartet.

Zweiter Inhalt: Das Adjektiv bezeichnet den Bereich, in dem eine Katastrophe passiert ist, geschehen wird oder denkbar ist.

eine politische Katastrophe (K. im politischen Bereich)
eine familiäre Katastrophe (K. in der Familie)
eine wirtschaftliche Katastrophe (K. im Wirtschaftsleben)

Wenn wir diese Möglichkeiten im Zusammenhang mit der »humanitären Katastrophe« zu bedenken versuchen, merken wir: Es geht nicht.

Das Substantiv »Katastrophe« bezeichnet etwas Negatives, das Adjektiv »humanitär« etwas Positives. Die Verbindung der beiden Wörter ergibt ein Paradoxon.

Warum müssen die Leute, vor allem auch viele Politikprofis, selbst dann Fremdwörter bevorzugen, wenn passende deutsche Wörter verfügbar sind! Wie einfach und wie richtig wäre es doch, von einer »menschlichen Katastrophe« zu sprechen!

In diesem Zusammenhang hat »menschlich« nicht den Sinn von »menschenfreundlich« wie etwa in der Aussage »Da hat er ausnahmsweise einmal seinen menschlichen Tag gehabt«; der Sinn ist vielmehr »im menschlichen Bereiche« (analog: im politischen, im familiären Bereich usw.).

Allerdings … Karl Kraus hat in seinem Artikel »Daran vergessen« geschrieben: »Es gibt in der Sprache nichts Falsches, das die Sprache nicht zu einem Richtigen machen könnte.« Auch bei der »humanitären Katastrophe«?

Der Philosoph Ulrich Horstmann vertritt in seinem Buch »Das Untier« (suhrkamp taschenbuch) die These, dass die Geschich-

46

te der Menschheit auf eine totale Selbstauslöschung hinaus-
laufe. Klingt ungewöhnlich, aber *so* ungewöhnlich ist diese
Überzeugung gar nicht.

Kant hatte die »ihrer Zeit um Jahrhunderte vorauseilende
Eingebung, »dass ein Ausrottungskrieg … den ewigen Frie-
den … auf dem großen Kirchhofe der Menschengattung
stattfinden lassen würde«.

Klages: »Das Wesen des ›geschichtlichen‹ Prozesses der
Menschheit (auch ›Fortschritt‹ genannt) ist der siegreich
fortschreitende Kampf des Geistes gegen das Leben mit dem
… absehbaren Ende der Vernichtung des Letzteren.«

Fromm: »Der Mensch unterscheidet sich … vom Tier dadurch, dass er ein Mörder ist.«

Zitate vieler weiterer bedeutender Wissenschaftler ließen sich
anfügen. Aber genug! Es sollte ja nur etwas Bestimmtes veran-
schaulicht werden, nämlich:

Wer der Überzeugung ist, dass das Leiden der Menschheit nur
durch Selbstausrottung zu beenden sei, der hätte den Ausdruck
»humanitäre Katastrophe« treffend eingesetzt: weil er ja jede
Katastrophe, zumal großen Ausmaßes, als einen »Fortschritt«
in Richtung des von ihm als Erlösung herbeigedachten Endes
sähe. Der für uns paradoxe Gedanke, dass eine Katastrophe
menschenfreundlich sein könnte, wäre für ihn sinnvoll.

Aber dieser außergewöhnliche Gedankengang war hier nicht
gemeint und liegt unseren Politexperten vermutlich auch so
fern, dass er in ihrem Kopf gar nicht Platz nehmen könnte.
Also …

Art des Fehlers: **falsche Wortwahl.**

# 16 Verwechslung

Auch in einen gut geschriebenen Gemeindebrief der evangelischen Kirche können sich kleine Denkfehler einschleichen. Wer ist schon sicher davor?! Auch wortgewandte Kirchenleute sind es nicht. Zu lesen war:

> Neulich wurde ich gefragt, ob es in unserer Gemeinde eigentlich gar keine Krabbel-, Kinder- und Jugendgruppen gäbe. Doch, es gibt sie! Sie finden Sie auf dem beigefügten roten Faltblatt mit den immer wiederkehrenden Terminen in der Mitte dieser Ausgabe.

Der Gebrauch des Konjunktivs ist in unserer Sprache ein schwieriges Kapitel. Wirklich? So schwierig ist das doch gar nicht. Grundregel: Immer den Konjunktiv I wählen, es sei denn, er ist mit dem Indikativ identisch oder es soll eine Nichtwirklichkeit ausgedrückt werden.

Konjunktiv I:

> Er fragte sich, ob er einen Fehler gemacht habe.

Indikativ:

> Er wusste, dass er einen Fehler gemacht hat.

Also: habe – hat. Klar zu unterscheiden.

Konjunktiv I:

Wir fragten uns, ob wir einen Fehler gemacht haben.

Indikativ:

Wir wussten nicht, ob wir einen Fehler gemacht haben.

Kein Unterschied. Also müssen wir im ersten Satz vom Konjunktiv I auf den Konjunktiv II ausweichen.

Wir fragten uns, ob wir einen Fehler gemacht hätten.

Und noch einmal der Konjunktiv II, aber nicht als Ausweichform, sondern um die Nichtwirklichkeit darzustellen:

Wir taten so, als ob wir einen Fehler gemacht hätten.

Wozu diese Erläuterungen hier? In dem Gemeindebrieftext steht »gäbe«. Richtig? Nein, es müsste »gebe« heißen.

Das ist ein Formfehler. Aber im Wesentlichen geht es hier um einen Denkfehler. Haben Sie ihn gefunden?

Sie haben noch einen Formfehler gefunden? Richtig. Da heißt es:

Sie finden Sie ... [gemeint: die verschiedenen Jugendgruppen]

Natürlich muss das zweite »Sie« mit kleinem Anfangsbuchstaben geschrieben werden; es ist ja nicht das Anredewort »Sie«, sondern das Personalpronomen »sie«.

## 16 Verwechslung

Hier noch einmal der Text, der zum Nachdenken Anlass gibt:

> Neulich wurde ich gefragt, ob es in unserer Gemeinde eigentlich gar keine Krabbel-, Kinder- und Jugendgruppen gäbe. Doch, es gibt sie! Sie finden Sie auf dem beigefügten roten Faltblatt mit den immer wiederkehrenden Terminen in der Mitte dieser Ausgabe.

Kritisiert und verbessert haben wir bereits »gäbe« zu »gebe« und »Sie« zu »sie«. Und was nun noch?

Wir können in dem beigefügten roten Faltblatt so lange suchen, wie wir wollen, die Krabbel-, Kinder- und Jugendgruppen werden wir dort nicht finden. Was wir finden, sind lediglich die Adressen dieser Gruppen. Richtig?

Man mag sagen: »Ja, genau genommen ist das so. Aber wissen nicht alle Lesenden auf jeden Fall, was gemeint ist?« Bestimmt wissen sie es. Aber – zur Erinnerung – weiß ein Esel, wenn er »Hü!« hört, nicht auch, was gemeint ist?

Art des Fehlers: **unzulässige Verkürzung**.

## 17 Kommunikative Fähigkeiten

Unter diesem Titel war in einer Großstadt-Tageszeitung zu lesen:

> Der Erfolg von Teams wie auch von leitenden Angestellten hängt nicht zuletzt von der Bereitschaft ab, sich selbst objektiv beurteilen zu können, konstruktive Kritik anzuneh-

men und positiv zu nutzen sowie relevante Informationen
und Sachverhalte weiterzugeben.

Das mag ja sein. Aber wer kann das schon? Im selben Artikel
hieß es im nächsten Absatz:

> Über kommunikative Fähigkeiten, neben analytischem Denk-
> vermögen und Organisationstalent, sollten jedoch auch
> Controller verfügen.

Warum? Weil sie ihre Arbeitsergebnisse auch verständlich darstellen müssen. Eine ganz andere Aussage zwar, aber der hier
verwandte Begriff »Fähigkeiten« hat etwas mit der ersten Aussage zu tun. (Ein kleiner Tipp!)

Und schließlich ein dritter Satz aus dem Beitrag »Kommunikative Fähigkeiten«:

> Damit will man die besonderen Fähigkeiten von Mitarbei-
> tern entdecken, um Defizite gezielt fördern zu können.

Wieder sind die Fähigkeiten im Spiel. Nur – was, bitte, sollen
die Trainer, von denen hier die Rede ist, können?

Noch ein Sätzchen, mehr zum Spaß:

> Da qualifizierte Mitarbeiter in vielerorts fehlen, versucht man
> verstärkt »Human Resources« aus dem eigenen Haus aus-
> zuschöpfen.

Viel Vergnügen bei vielseitigem Bedenken!

# 17 Kommunikative Fähigkeiten

**H**ier noch einmal der Haupttext:

> Der Erfolg von Teams wie auch von leitenden Angestellten hängt nicht zuletzt von der Bereitschaft ab, sich selbst objektiv beurteilen zu können, konstruktive Kritik anzunehmen und positiv zu nutzen sowie relevante Informationen und Sachverhalte weiterzugeben.

Ob wir uns selbst objektiv beurteilen können, das hängt ja wohl davon ab, ob wir dazu fähig sind. Da mag jemand noch so bereit sein, sich selbst objektiv zu beurteilen – wenn er's nicht gelernt hat oder vielleicht sogar unfähig ist, es zu lernen, dann wird nichts daraus werden.

Es geht nicht um die Bereitschaft, sondern um die Fähigkeit, sich selbst objektiv zu beurteilen. An der Stelle von »Bereitschaft« müsste »Fähigkeit« stehen; dann wäre allerdings das »können« außerdem zu streichen: weil »Fähigkeit« das Können einschließt.

Wie also ändern?

> Der Erfolg von Teams wie auch von leitenden Angestellten hängt nicht zuletzt von der Fähigkeit ab, sich selbst objektiv zu beurteilen, konstruktive Kritik anzunehmen und positiv zu nutzen sowie relevante Informationen und Sachverhalte weiterzugeben. Neben der Fähigkeit muss natürlich auch die Bereitschaft vorhanden sein.

Da die »Bereitschaft« durch »Fähigkeit« ersetzt ist, die Bereitschaft aber, in zweiter Linie, offenbar auch gemeint war, ist der ergänzte Schluss-Satz nötig. Möglich, der Denkfehler ist dadurch entstanden, dass der Schreiber zweierlei sagen wollte, aber versucht hat, es in *einem* Schwung, mit *einem* Wort, auszudrücken.

Dabei blieb er bei »Bereitschaft« hängen und merkte nicht, dass vor der Bereitschaft das Können stehen muss.

Art des Fehlers: **falsche Begriffszuordnung.**

Über kommunikative Fähigkeiten, neben analytischem Denkvermögen und Organisationstalent, sollten jedoch auch Controller verfügen.

Was ist eine junge Erbsensuppe? Eine junge Suppe, in der Erbsen enthalten sind. Und welcher Inhalt war wohl angepeilt worden? Sicherlich »eine Suppe mit jungen Erbsen« oder, meinetwegen, »eine Junge-Erbsen-Suppe«. Aussagen über zusammengesetzte Substantive beziehen sich immer auf den letzten Teil der Zusammensetzung, das Grundwort.

In unserem Beispiel ging es aber nicht um analytisches Vermögen, sondern um das Vermögen, analytisch zu denken. Also, zum Beispiel:

Über kommunikative Fähigkeiten, neben dem Vermögen, analytisch zu denken und gut zu organisieren, sollten jedoch auch Controller verfügen.

Art des Fehlers: **Grammatikfehler, der sich als Zuordnungsfehler erweist.**

Damit will man die besonderen Fähigkeiten von Mitarbeitern entdecken, um Defizite gezielt fördern zu können.

Wenn ein Chef Defizite eines seiner Mitarbeiter fördert, dann hat das wahrscheinlich einen zwar perfiden, aber plausiblen Grund: Er will ihn loswerden. Und je auffälliger Defizite dieses Mitarbeiters werden, umso leichter wird er sein Ziel erreichen.

Natürlich ging es bei dem, was hier gemeint war, um etwas anderes: Nicht Mitarbeiterdefizite, sondern Mitarbeiterfähigkeiten sollen gefördert – Defizite aber verringert werden. Man will Fähigkeiten entdecken, um sie fördern zu können, und Defizite entdecken, um sie überwinden zu können. Das gewählte Verb »fördern« darf sich nicht auf beides, auf die Fähigkeiten und die Defizite, beziehen. Jedenfalls nicht so, wie es hier gemacht worden ist. Ein kommunikativ befähigterer Mitarbeiter hätte die Verbindung beider Gedanken mit dem Wort »fördern« allerdings hingekriegt.

Damit will man die Entdeckung der besonderen Fähigkeiten von Mitarbeitern und die Überwindung von Defiziten gezielt fördern.

Mit seinen fünf Substantiven auf engem Raum ein nicht gerade stilistisch empfehlenswerter Satz, aber doch wenigstens eine inhaltlich richtige Aussage!

Auch die Zusammenfassung in *einer* Aussage produziert einen Denkfehler, sodass es hier nicht einmal ausreicht, mit dem Defiziten gedanklich-sprachlich richtig umzugehen.

Damit will man die besonderen Fähigkeiten von Mitarbeitern entdecken, um Defizite gezielt überwinden zu können.

Dadurch dass man Fähigkeiten entdeckt, vermindert man noch keine Defizite. Hier hat also der kommunikativ sicherlich besonders talentierte Journalist gleich zwei Denkfehler in einem einzigen kleinen Satz untergebracht: Die Aussage des Hauptsatzes passt nicht zur Aussage der Infinitivgruppe, und was in der Infinitivgruppe steht, ist bestimmt nicht das Ziel der Bemühung.

Fehlerarten: **falsche Gedankenverbindung zwischen Hauptsatz und Infinitivgruppe und fehlerhafte Wortwahl**.

Da qualifizierte Mitarbeiter in vielerorts fehlen, versucht man verstärkt »Human Resources« aus dem eigenen Haus auszuschöpfen.

54

Dass »in vielerorts« falsch ist, hätte selbst dem Schreiber auffallen dürfen, als er Korrektur gelesen hat. Aber – das hat er wahrscheinlich gar nicht gemacht. So konnte der Fehler durchschlüpfen.

Die »Human Resources« verlangen sprachlich die Kenntnis der englischen »resource« (mit *einem* »s«). Im Französischen ist zwar »ressources« richtig, und von daher haben wir unser »Ressources« (Doppel-s) übernommen. Aber die Verbindung mit »Human«, dazu in Anführungszeichen, weist darauf hin, dass in diesem Fall »Resources« richtig ist.

Fehlerarten: **Flüchtigkeitsfehler**.

## 18 Es würde besser sein ...

**W**er sich um eine Angestelltenposition bewirbt, weiß, dass er in der Regel eine Menge Konkurrenz haben wird. Die schriftliche Bewerbung dient als Türöffner. Wer mit seinem Bewerbungsbrief durchfällt, wird nicht zum Vorstellungsgespräch eingeladen. Also: Genau überlegen, sorgfältig arbeiten!

Meistens erhält der Bewerbungsempfänger einige oder viele Zuschriften, die eine annähernd gleichwertige Qualifikation erkennen lassen. Deshalb ist es wichtig, oft entscheidend, dass es gelingt, ein paar Extra-Pluspunkte zu sammeln. Wie? Bei Büroberufen vor allem:

a) fehlerfreie Rechtschreibung
b) fehlerfreie Zeichensetzung
c) fehlerfreie Grammatik
d) guter Stil
e) Briefgestaltung nach DIN 5008
f) keine Denkfehler

Selbstverständlich? Keineswegs. Der weitaus größte Teil aller Bewerbungen enthält zahlreiche Fehler. Wer also diesen Grundforderungen gerecht wird, der bietet bereits etwas Besonderes.

Die Aufgabe mag vielen als lästiges Übel erscheinen. Wenn Sie sich allerdings in sie vertiefen – und der wichtige Anlass legt das nahe –, kann sie sogar Spaß machen. Abgesehen davon, dass wir bei solcher Gelegenheit eine Menge lernen können, was sich dann auch in der Berufsarbeit verwerten lässt.

Wie sollten wir unser »Berufsprojekt« am besten angehen? Es ist empfehlenswert, sich als Hilfe und zur Anregung ein gutes Buch zu kaufen. Wir müssen ja nicht alles, was andere schon bedacht und niedergeschrieben haben, noch einmal erfinden. Das Problem dabei: Es muss ein gutes und das heißt auch ein zuverlässiges Buch sein.

Hier nun der wichtige letzte Satz aus einer Musterbewerbung eines Personalleiters (!) aus einem modernen Bewerbungsbuch:

Es würde mich freuen, wenn sich an diese Zeilen ein persönliches Gespräch anschließen würde, zu dem ich gern bereit bin.

Der Standardsatz, mit kleinen Varianten, lautet: Ich würde mich freuen, wenn Sie meine Bewerbung berücksichtigen würden (oder: wenn Sie mich zu einem Vorstellungsgespräch einladen würden). Unser Personalleiter, also der Buchautor, hat sich etwas dabei gedacht, als er eine ganz andere Variante einführte: wenn sich an diese Zeilen ein persönliches Gespräch anschließen würde.

Aber, aber ... Was meinen Sie?

56

## 18 Es würde besser sein ...

Zunächst eine Kleinigkeit: Die »würde ... würde«-Formulierung galt schon immer als stilistisch schwach bis schlecht, je nach Strenge des Beurteilers; sie wird bereits in Ludwig Reiners berühmter Stilfibel behandelt, die 1951 erschien und bis heute unverändert auf dem Markt ist.

Allerdings dürfte auch ohne Kenntnis der Reiners-Stilfibel oder anderer Stilpfleger-Aussagen jedem, der ein bisschen Sprachgefühl hat, gleich auffallen, dass dieses »würde ... würde« schlecht klingt. Und sich ausgerechnet so im letzten Satz eines Bewerbungsbriefes auszudrücken, das ist nicht ratsam.

Aber uns soll es hier ja weniger um stilistische Gewandtheit als vielmehr um klares Denken gehen. Also:

Ist es nicht selbsverständlich, dass sich Bewerbungsbrief-Schreibende freuen, wenn ihre Bewerbung Erfolg hat – wenn sie zu einem Gespräch eingeladen werden?

Doch unserem Personalleiter war diese Selbstverständlichkeit in seinem Brief nicht genug. Nachdem er gesagt hat, dass er sich über ein sich anschließendes persönliches Gespräch freuen würde, versichert er zusätzlich, das er zu ebendiesem Gespräch gern bereit ist. Das ist nun wirklich einfach so hingeschrieben worden – ohne bedacht zu sein.

Die Schlussformulierung eines anderen Briefes in diesem Buch (Leitungsposition) lautet: Zu einem persönlichen Gespräch bin ich gern bereit. Ist nicht jede Bewerberin und jeder Bewerber zu einem persönlichen Gespräch, einem Vorstellungsgespräch, gern bereit? Wenn nicht, wäre es unsinnig, überhaupt eine Bewerbung zu erarbeiten und abzuschicken.

Solche Sätze sind unbedacht, und sie verraten den Lesenden und Prüfenden natürlich, dass der Absender nicht gerade denkfreudig und denkstark ist.

Art des Fehlers: **unbeabsichtige, sinnlose Gedankenwiederholung**.

Kritisieren ist meistens leicht, Bessermachen oft weniger leicht. Was hätte der Personalleiter in diesem Buch statt seiner in mehrfacher Hinsicht missglückten Schlussformulierung schreiben können? Zum Beispiel:

> Darf ich Ihnen in einem persönlichen Gespräch weitere Informationen über meine Person, meine Berufserfahrung und mein Können geben?

> Über eine Einladung zu einem persönlichen Gespräch würde ich mich sehr freuen: weil mich die Aufgabe, die Sie stellen, besonders reizt – und weil ich glaube, dass ich leisten kann, was Sie erwarten.

Zwei Möglichkeiten von vielen. Wer sich nachdenkend bewirbt, kann sie nutzen.

## 19 Ein schöner Satz

**M**erkwürdig geht es manchmal bei Leuten zu, die Brüder und zugleich Pferdeliebhaber sind.

> Beide Brüder sind Pferdeliebhaber und Tierfreunde. Sie haben auch die Zucht englischer Vollblüter auf deutschem Boden eingeschränkt.

Ein schöner Satz, nicht wahr?

# 19 Ein schöner Satz

Was hat man wohl gemeint? Und was hat man geschrieben: das Gemeinte oder etwas ganz anderes?

> Beide Brüder sind Pferdeliebhaber und Tierfreunde. Sie haben auch die Zucht englischer Vollblüter auf deutschem Boden eingeschränkt.

Von Pferdeliebhabern erwarten wir eigentlich, dass sie die Pferdezucht fördern, aber nicht, dass sie die Pferdezucht einschränken. Aus dem Einschränken würde man gerade folgern, dass sie nicht an Pferden interessiert seien.

Bedenken wir, dass es Leute gibt, die zwar national ausgerichtet sind, aber mit der Sprache ihrer Nation manchmal auf Kriegsfuß leben. Gemeint war wohl:

> Beide Brüder waren Pferdeliebhaber und Tierfreunde. Um die vernachlässigte Zucht deutscher Pferde zu fördern, haben sie die Zucht englischer Vollblüter auf deutschem Boden vorübergehend eingeschränkt.

So ließe sich die Sache verstehen. Dass jemand englischen Pferden, die ohnehin auf der Höhe sind, zugunsten deutscher Pferde »den Hafer aus der Krippe nimmt«, kann man zur Not mit Pferdeliebhaberei in Einklang bringen. Zumindest weiß man da, wie die Sache gedacht war.

Im Übrigen haben wir hier ein Beispiel dafür, dass sich die Sprache hin und wieder selbstständig macht, indem sie ihrem Benutzer dient und ihn, ohne dass er es merkt, zugleich ein bisschen verspottet.

Wenn wir annehmen, die zitierte Aussage stamme aus einem gelenkten Zeitungsartikel, so würden die beiden Brüder, dem

59

Sinne nach, über sich selbst sagen: »Ja, das sind wirkliche Pferdeliebhaber und Tierfreunde – natürlich lieben sie nur deutsche Pferde.«

Setzen wir dagegen den Fall, der Artikel stamme zwar nicht von den erwähnten Brüdern selbst, sondern von einem gleich gesinnten Journalisten, so käme das auf dasselbe raus.

Es könnte allerdings auch sein, dass der Journalist nicht gleich gesinnt war und dass er – ebenso ahnungslos oder aber bewusst – die Wahrheit getroffen hätte.

Wie es auch sei: Für den schönen Satz sind wir dankbar.

Art des Fehlers: **unbeabsichtigte Gedanken-Irreführung**.

## 20 Klug geworben?

**S**chriftsteller durch einen Fernkurs ausbilden? Nichts leichter als das. In dem Prospekt eines Versandhauses heißt es:

> Aber diese Eigenschaften müssen Sie im Übermaß besitzen, und sie sind selten: Ausdauer, Klugheit, ein Ziel und Zeit.

Natürlich genügt es diesen intelligenten Werbetextprofis nicht, dass jemand bestimmte Eigenschaften hat – nein, er muss sie besitzen. Geschenkt.

Warum aber sollen die Umworbenen bestimmte Eigenschaften im Übermaß besitzen? Was zu viel ist, ist zu viel. Falls jemand zum Beispiel Ausdauer im Übermaß hat, wird er vermutlich auch dann noch weiter und weiter Romane, Kurzgeschichten, Aphorismen ... absondern, wenn längst klar ist, dass er kein Talent dafür hat. Eine Eigenschaft, die man im Übermaß hat, ist

60

in vielen Fällen genauso schädlich wie eine, die zu schwach ausgebildet ist.

Doch das nur vorweg! Jetzt sind *Sie* dran.

## 20 Klug geworben?

**Z**ur Erinnerung hier noch einmal die überzeugende Fernkurswerbung:

> Aber diese Eigenschaften müssen Sie im Übermaß besitzen, und sie sind selten: Ausdauer, Klugheit, ein Ziel und Zeit.

Sie haben es sicherlich erkannt: Ausdauer, Klugheit, ein Ziel und Zeit, das alles sollte man wirklich mitbringen, wenn man den Schriftstellerberuf erlernen will (soweit das möglich ist); aber dass ein Ziel und Zeit Eigenschaften einer werdenden Schriftstellerpersönlichkeit sein sollen, das glaube, wer will. Es sind Voraussetzungen für das schriftstellerische Training, es sind Bedingungen, Umstände ..., aber menschliche Eigenschaften sind es nun mal nicht.

Fehlerart: **partiell falsche Zuordnung**.

Und wie hätte sich der Fehler vermeiden lassen? Bestimmt gibt es zahlreiche Formulierungen. Versuchen Sie's mal.

Hier ein paar Anregungen:

> Aber diese Eigenschaften müssen Sie haben: Ausdauer und Klugheit. Außerdem brauchen Sie viel Zeit und ein klares Ziel.

> Was Sie auf jeden Fall mitbringen müssen, ist Ausdauer, ist Klugheit. Ferner brauchen Sie ein klares Ziel und Zeit – Arbeitszeit.

Aber die Ausbildung zum Schriftsteller stellt auch einige Anforderungen. Die wichtigsten: Sie müssen klar denken und ausdauernd arbeiten können. Das wiederum bedeutet: ein Ziel haben und Zeit haben.

Sind Sie, sportlich gesehen, ein Langstreckentyp? Können Sie sich Ihr Training zweckmäßig einteilen und den Wettkampf klug gestalten? Ausdauer und Intelligenz sind für diese Ausbildung und für diesen späteren Beruf ganz wichtige Voraussetzungen.

Was Sie vor allem für diese Ausbildung brauchen? Ausdauer, Klugheit, viel Zeit, ein klares Ziel.

Haben Sie Lust, die Reihe zutreffender, sinnvoller Formulierungen fortzusetzen? Wenn Sie einfach einmal beherzt anfangen, werden Sie schnell merken: Je mehr Sie aufs Papier bringen, umso mehr fällt Ihnen zusätzlich ein.

## 21 Schön, schöner, am schönsten ...

**D**ass jeder Auto-Nachfolgertyp schöner ist als sein Vorgänger – klar. Zwar nicht in jedem Fall für die Umworbenen, aber so gut wie immer für das gestaltende Team. Doch wenn die Autoschönheit endlich fertig ist, muss sie auch noch an die Frau und an den Mann gebracht werden. Das geschieht bekanntlich unter anderem mithilfe von Werbetexten. Ein Beispiel:

Der neue XY ist schöner denn je!

Das ist wohl nicht gerade besonders einfallsreich, aber es ist wenigstens vollmundig, griffig, kurz.

Allerdings gibt es keine Regel, nach der man sich nur in langen Sätzen verheddern kann. In kurzen geht's auch. Ihre Beurteilung?

## 21 Schön, schöner, am schönsten ...

**W**ie wunderbar, wenn die Experten einer Autofirma sagen können:

Der neue XY ist schöner denn je!

Oder doch nicht so wunderbar? Dieser kleine Satz enthält zwei Aussagen: Der XY ist neu. Er ist schöner denn je. Einspruch? Natürlich. Denn wenn er neu ist, kann er nicht schöner als je zuvor sein. Entweder es ist der alte XY, dem man lediglich ein »Facelifting« (so heißt das heute) gegönnt hat, oder es ist ein neuer XY, der schöner ist als der alte oder als alle alten Vorgänger.

Das »schöner denn je« bezieht sich hier auf den neuen XY, und das kann nicht gemeint sein, weil es widersprüchlich in sich, also gar nicht denkbar ist.

Und wie wäre dieser Werbetext zu retten? Beispielsweise:

Der neue XY – schöner als der alte!
Der XY – schöner denn je!

Welche Fassung ist besser? Die zweite natürlich. Die erste wirkt nicht besonders werbend, und vor allem lässt sie den Gedanken aufkommen, dass der alte XY wohl Schwächen oder Mängel gehabt haben müsse, die bei der Konstruktion des neuen XY angeblich vermieden worden sind.

Die zweite Fassung ist von ganz anderem Zuschnitt. Sie sagt:

Der XY –

und das heißt: Der XY (also etwa ein Golf oder ein BMW 330 Ci) – das ist eben ein Begriff. Und aus »schöner denn je« geht deutlich hervor, dass man das bekannte, sehr geschätzte Modell noch einmal verbessert hat.

Art des Fehlers: **falsche Zuordnung.**

63

## 22 Begeisterung

Wer hat es nicht gern, wenn er mit Begeisterung empfangen wird! Und noch begeisterter als Normalbürgerinnen und -bürger pflegen Politikerinnen und Politiker bei solchen Gelegenheiten zu sein. In einer Nachricht hieß es:

> 4000 Menschen bereiteten dem Kanzler einen begeisterten Empfang.

Wie schön für ihn! Aber hat sich nicht auch hier vielleicht ein kleiner Denkfehler eingeschlichen?

## 22 Begeisterung

Begeistert, das sind wir wirklich, wenn jemand kommt, den wir mögen, den wir – in der Politik – vielleicht gewählt haben und mit dessen Leistungen wir zufrieden sind. Und ein solcher wiederum wird begeistert sein, wenn wir ihn jubelnd empfangen. Aber:

> 4000 Menschen bereiteten dem Kanzler einen begeisterten Empfang.

Wer, bitte, war in dem Fall, jedenfalls nach dieser Darstellung, begeistert? Der Empfang. Geht das denn, kann ein Empfang begeistert sein? Oder hat sich da womöglich ein Medienass aus lauter Begeisterung vergriffen?

Natürlich war nicht der Empfang begeistert, die Menschen waren es. Zwei Möglichkeiten der Korrektur:

1       4000 Menschen bereiteten dem Kanzler einen begeisternden Empfang.

2.1     4000 begeisterte Menschen empfingen den Kanzler.

2.2     4000 begeisterte Menschen bereiteten dem Kanzler einen großartigen Empfang.

2.3     4000 Menschen empfingen den Kanzler mit Begeisterung.

2.4     4000 Menschen bereiteten dem Kanzler einen großen Empfang und waren begeistert.

Bei der Entscheidung für 1 oder 2 muss man wissen, was man ausdrücken will.

Der Satz unter 1 sagt, dass der Empfang, den 4000 Menschen dem Kanzler bereiteten, begeisternd war. Und für wen? Zum Beispiel für Menschen, die das Ereignis am Fernseher verfolgt haben mögen. Vielleicht aber auch für Anwesende: indem sie begeistert davon waren, wie der Kanzler von den 4000, sie selbst eingeschlossen, empfangen wurde; sie waren sozusagen von ihrem eigenen Tun begeistert.

Zusammengefasst: Die Art des Empfangs begeisterte die einen oder die anderen oder beide Gruppen.

Die Sätze unter 2 sagen dagegen eindeutig, dass die 4000 Menschen, die den Kanzler empfingen, über sein Kommen und von seiner Person begeistert waren.

Art des Fehlers: **falsche Wortwahl bzw. falsche Wortzuordnung.** (Partizip Perfekt – Partizip Präsens)

## 23  Nehmen wir's einmal ganz genau!

**D**ie beiden folgenden Aussagen enthalten dieselbe Schwäche.

1. Weitere Forderungen der Verbraucher waren kürzere Verlustzeiten und wesentlich engere Maßabweichungen.

2. Um das Drehmoment in möglichst tragbaren Grenzen zu halten, wird die Entfernung der Messerschneiden an der Seite klein ausgeführt, an der sich die Schneiden näher gegenüberstehen. Dadurch ergibt sich bei geöffneter Schere einseitig eine begrenzte Bewegungsfreiheit der durchzuschiebenden Bleche. Bei nicht eben liegenden Blechen stößt dann leicht das nach oben gerichtete Ende gegen das Obermesser.

Die Schwächen in diesen beiden Texten zu entdecken, das ist nicht leicht. Zu Text 1: Was fordern die Verbraucher? Zweierlei. Nämlich? Zu Text 2: Was will man erreichen? Und? Bekommt man das denn nicht?

## 23  Nehmen wir's einmal ganz genau!

**T**ext 1:  Weitere Forderungen der Verbraucher waren kürzere Verlustzeiten und wesentlich engere Maßabweichungen.

Sind die Verbraucher scharf auf Verlustzeiten und Maßabweichungen? Nein, im Gegenteil. Am liebsten hätten sie gar keine Verlustzeiten und gar keine Maßabweichungen. Hier steht jedoch, dass sie Verlustzeiten und Maßabweichungen verlangen, wozu nur ergänzt wird, wie sie beschaffen sein sollen. Was Sie wollen, ist dagegen dies:

66

Weitere Forderungen der Verbraucher waren: Kürzung der Verlustzeiten und wesentliche Verringerung der Maßabweichungen.

Am liebsten hätten die Verbraucher gar keine Verlustzeiten und gar keine Maßabweichungen. Da sich das offenbar nicht machen lässt, streben sie wenigstens eine Verbesserung in diesen Richtungen an.

Text 2: Um das Drehmoment in möglichst tragbaren Grenzen zu halten, wird die Entfernung der Messerschneiden an der Seite klein ausgeführt, an der sich die Schneiden näher gegenüberstehen. Dadurch ergibt sich bei geöffneter Schere einseitig eine begrenzte Bewegungsfreiheit der durchzuschiebenden Bleche. Bei nicht eben liegenden Blechen stößt dann leicht das nach oben gerichtete Ende gegen das Obermesser.

Was möchte man haben? Bewegungsfreiheit für die durchzuschiebenden Bleche. Und was bekommt man? Bewegungsfreiheit, also genau, was man will, wenn auch nur begrenzt. Selbst wenn sich nur eine begrenzte Bewegungsfreiheit erzielen ließe, wäre das ja vielleicht schon wertvoll, denn möglicherweise würde sie ausreichen. Dass sie das nicht tut, sagt uns der letzte Satz, und wir merken, dass aus der geringen Entfernung der Messerschneiden voneinander nicht – was gut wäre – eine begrenzte (wenn auch begrenzte) Bewegungsfreiheit, sondern – leider – eine störende Begrenzung der Bewegungsfreiheit resultiert. Der Satzaussage »ergibt sich« ist mit »Bewegungsfreiheit« ein falscher Zustand zugeordnet; der richtige wäre »Begrenzung« gewesen.

Hier ein Korrekturvorschlag, der gleich noch ein paar andere Kleinigkeiten verbessert:

Um das Drehmoment in erträglichen Grenzen zu halten, werden die Messerschneiden an der Seite, wo sie sich gegenüberstehen, in geringem Abstand voneinander angeordnet. Daraus ergibt sich allerdings bei geöffneter Schere einseitig eine Begrenzung der Bewegungsfreiheit für die durchzuschiebenden Bleche. (Oder: Dadurch wird die Bewegungsfreiheit der durchzuschiebenden Bleche bei Öffnung der Schere einseitig begrenzt.) Nicht eben liegende Bleche stoßen dann leicht gegen das Obermesser.

Art des Fehlers: **falsche Zuordnung**.

## 24 Laienhaft formuliert

In Psychologie-Heften, die Antworten auf Lebensfragen geben, war zu lesen:

> Es gibt Stellenbewerber, die anhand laienhaft in Erfahrung gebrachter Merkmale Änderungen an ihrer Handschrift vornehmen.

Vielleicht haben sie ja Glück damit, dann nämlich, wenn ihre handgeschriebenen Lebensläufe laienhaft, also von Möchte-Gern-Graphologen, ausgewertet werden. Sie können aber auch Pech haben, dann nämlich, wenn sie an einen Graphologen geraten, der den Schwindel fachkundig durchschaut.

Welchen Schwindel? Natürlich jenen Schwindel, der darin besteht, dass Stellenbewerber laienhaft ihre Handschrift verstellt haben.

Alles klar?

Aus derselben Quelle stammt der folgende aufschlussreiche Satz:

> Im vorliegenden Fall handelt es sich um einen gehobenen Posten, für den nur ein Anwärter infrage kommt, an den die

Unternehmensleitung verhältnismäßig hohe Anforderungen stellt.

Worauf kommt es also an? Welcher Anwärter wird Erfolg haben?

## 24 Laienhaft formuliert

**W**enn jemand laienhaft in Erfahrung bringt, warum der Cholesterin-Gesamtwert eines Menschen immer höher ist, als die Addition von LDL und HDL ergibt, dann hat er vielleicht so lange in seinem Bekanntenkreis herumgefragt, bis er jemanden getroffen hat, der seine Frage beantworten konnte. Eine Fachkraft käme sicherlich auf wesentlich kürzerem Erkundungsweg zu dem gewünschten Ergebnis. Also: Man kann etwas laienhaft oder aber expertenhaft in Erfahrung bringen. Zu unserem Text:

> Es gibt Stellenbewerber, die anhand laienhaft in Erfahrung gebrachter Merkmale Änderungen an ihrer Handschrift vornehmen.

Woher werden sie wohl ihre Kenntnisse haben? Wahrscheinlich aus einem Graphologiebuch. Haben sie dann etwas laienhaft in Erfahrung gebracht? Nein. Wenn das Buch gut war und wenn sie sorgfältig gelesen haben, dann haben sie's richtig gemacht. Und was soll nun laienhaft gewesen sein? Nicht das In-Erfahrung-Bringen, sondern das Anwenden der neuen Kenntnisse wird oft laienhaft sein, sodass die manipulierte Handschrift dem geübten Graphologenblick nicht standhält.

Art des Fehlers: **falsche Wortzuordnung**.

Nun zu der Frage, was für Anwärter für einen »gehobenen Posten« infrage kommen.

Im vorliegenden Fall handelt es sich um einen gehobenen Posten, für den nur ein Anwärter infrage kommt, an den die Unternehmensleitung verhältnismäßig hohe Anforderungen stellt.

Die armen Bewerberinnen und Bewerber! Was nützen ihnen ihre Fähigkeiten, wenn die Unternehmensverantwortlichen mit solcher Willkür aussuchen! Wer weiß, an wen sie nun gerade hohe Anforderungen zu stellen belieben. Ob ein Anwärter hohen Anforderungen gewachsen ist, diese Frage wird hier nicht diskutiert.

Doch worum geht es wirklich? Man wird bei der Vergabe dieses gehobenen Postens hohe Anforderungen stellen; das ist sicher. Und wer kommt infrage? Jemand, der diesen hohen Anforderungen gewachsen ist. Also:

Im vorliegenden Fall handelt es sich um einen gehobenen Posten, für den nur ein Anwärter infrage kommt, der hohen Anforderungen gewachsen ist.

Oder:

Im vorliegenden Fall stellt die Unternehmensleitung hohe Anforderungen.

So einfach ist das, und so einfach lässt es sich sagen.

Art des Fehlers: **falsche Wortwahl.**

# 25 Schlechte Zeiten

Es sind oft kleine Wörter, mit denen wir Zeiten ausdrücken: bald, gleich, jetzt, nachdem, während ... Und kleine Wörter unterschätzt man leicht, das heißt, sie verirren sich in Aussagen, in denen sie nichts zu suchen haben.

Die nachstehend aufgeführten Kunststoffe werden ab 1. Januar 2003 umbenannt.

Was geschieht wann? Das ist hier die Frage.

Nunmehr wird der mit den Garnen beschickte Materialträger sorgfältigst in die ruhende Färbeflotte eingebracht, wobei nach fünf Minuten die Schrumpfung des Garnes beendet ist.

Was bedeutet das Wort »wobei«?

# 25 Schlechte Zeiten

Eine Zeitangabe kann unterschiedlicher Natur sein.

Wenn einer sagt, er habe am 22. September Geburtstag, so benennt er einen Zeit*punkt*, der in diesem Fall ein Tag ist. Wenn berichtet wird, in der 73. Minute des Spiels sei das zweite Tor für die Gastgebermannschaft gefallen, so geht es auch dabei um einen Zeit*punkt*, in diesem Fall jedoch um eine Minute.

Eine Schneiderin schreibt ihrer Schwester: »Ab 1. Januar bin ich wieder in Lohn und Brot.« Das bedeutet: Von diesem Zeitpunkt an gibt es etwas, nämlich ein Anstellungsverhältnis, einen Arbeitsvertrag zwischen einer Schneiderin und einem Unternehmen. Es geht hier zwar auch um einen Zeitpunkt, aber nur im Sinne eines Anfangs einer Zeitstrecke, deren Länge noch nicht näher bestimmt ist.

Eine Exportsachbearbeiterin teilt ihrem Vater mit: »Vom 1. Januar an läuft meine Probezeit; sie endet am 30. März.« Auch hier ist der genannte Zeitpunkt das Startdatum für eine Zeitstrecke, die in diesem Fall mit einem zeitlichen Endpunkt, dem 30. März, versehen ist.

Die nachstehend aufgeführten Kunststoffe werden ab 1. Januar 2003 umbenannt.

Verben wie »spielen, laufen, arbeiten« bezeichnen Dauertätigkeiten, Verben wie »fangen, aufschreien, eine Telefonnummer wählen« benennen punktuelle Tätigkeiten. Wir haben also: Dauertätigkeiten und Wörter, die den Beginn einer Zeitstrecke bezeichnen – punktuelle Tätigkeiten und Wörter, die auf einen Zeit*punkt* hinweisen. Zum Beispiel:

Ab 1. Januar haben wir auch sonntags geöffnet.
Ab 1. Januar gelten für unsere Kunststoffe andere Namen.
Am 1. Januar 2003 haben wir unsere Kunststoffe mit anderen Namen versehen.

Wollten wir unsere Kunststoffe *ab* dem 1. Januar umbenennen, so hieße das, wir täten es täglich. Das »ab« bezeichnet den Anfang der Handlung, der hier aber mit einer Punkt-Handlung gekoppelt wird. Das kann nur bedeuten, diese punktuelle Handlung wird im Rhythmus der Zeitangabe – Tag – ständig wiederholt. Ein richtiges Beispiel dafür:

Ab 1. Januar öffnen wir unser Geschäft schon um 8 Uhr.

Das Öffnen ist eine Zeitpunkt-Handlung, die aber mit einer Zeitstrecke-Einleitung von unbestimmter Dauer dadurch verbunden ist, dass sie ständig wiederholt wird. Genau dies wäre beim Umbenennen sinnlos.

Nunmehr wird der mit den Garnen beschickte Materialträger sorgfältigst in die ruhende Färbeflotte eingebracht, wobei nach fünf Minuten die Schrumpfung des Garnes beendet ist.

Zunächst, am Rande: »Nunmehr« hat hier denselben Bedeutungswert wie »nun«. Das etwas undurchsichtige »nunmehr« bleibt anderen Situationen vorbehalten. Wie dieser: Eine Rentnerin bezieht eine Rente von 1 000 Euro. Eines Tages wird diese Rente um 50 Euro gekürzt, die Empfängerin erhält nur noch 950 Euro. Nunmehr muss sie mit 950 Euro auskommen. Ein Zustand hat sich verändert, und »nunmehr« weist dem neuen Zustand seinen Platz in der Zukunft an.

Zur Hauptsache: Mit »wobei« bezeichnen wir Gleichzeitigkeit. Beispiel: Er wollte die Tür des Schränkchens aufschließen, wobei ihm der Schlüssel abgebrochen ist. Während des Aufschließversuchs …

Das »wobei« in unserem Garnschrumpfung-Satz behauptet, dass die Schrumpfung des Garns während des Materialträger-Einbringens in die ruhende Färbeflotte beendet wird, und zwar nach fünf Minuten. Gesagt werden sollte jedoch:

Nun wird der mit den Garnen beschickte Materialträger sorgfältig in die ruhende Färbeflotte eingebracht; nach fünf Minuten ist die Schrumpfung der Garne beendet.

Sie haben bemerkt, dass ich »sorgfältigst« durch »sorgfältig« ersetzt habe. Wie wollte man das »sorgfältigste« Einbringen bestimmen? Und vielleicht haben Sie noch etwas bemerkt: Im Originalsatz hieß es in der ersten Zeile »mit den Garnen« und in der dritten Zeile »des Garnes«. Entweder es handelte sich um *ein* Garn oder um mehrere Garne. Da zuerst von mehreren die Rede war, habe ich die zweite Garnangabe der Mehrzahl angepasst.

Art der Fehler: **falsche Zeitbestimmungen**.

## 26 Wer im Glashaus sitzt ...

Der dritte Absatz unter dem Lösungstext zu Aufgabe 25 lautete:

> Eine Schneiderin schreibt ihrer Schwester: »Ab 1. Januar bin ich wieder in Lohn und Brot.« Das bedeutet: Von diesem Zeitpunkt an gibt es etwas, nämlich ein Anstellungsverhältnis, einen Arbeitsvertrag zwischen einer Schneiderin und einem Unternehmen. Es geht hier zwar auch um einen Zeitpunkt, aber nur im Sinne eines Anfangs einer Zeitstrecke, deren Länge noch nicht näher bestimmt ist.

Fällt Ihnen dabei etwas auf? Im Sinne unseres »Auf den Punkt gebracht«?

## 26 Wer im Glashaus sitzt ...

Hier noch einmal der entscheidende Satz im dritten Absatz der Lösung zu Aufgabe 25 (»Ab 1. Januar bin ich wieder in Lohn und Brot«):

> Es geht hier zwar auch um einen Zeitpunkt, aber nur im Sinne eines Anfangs einer Zeitstrecke, deren Länge noch nicht näher bestimmt ist.

Die versehentliche Fehlinformation: Die Länge der Zeitstrecke konnte später nicht *näher* bestimmt werden, weil sie bis dahin überhaupt noch nicht bestimmt worden war.

Ähnliche Aussagen begegnen uns des Öfteren. Da ist dann meistens die Rede von »weiteren Einzelheiten«, die man auf Anfrage erhalten kann – obwohl bis dahin überhaupt noch keine Einzelheiten genannt worden sind, sodass von »weiteren« gar nicht gesprochen werden kann.

Als ich schrieb »deren Länge noch nicht näher bestimmt ist«, habe ich genau diesen Fehler gemacht – und es nicht gemerkt. Erst als ich später Korrektur gelesen habe, fiel er mir auf. Und um Sie als Kritiker an der Entdeckung dieses Fehlers zu beteiligen, habe ich ihn stehen gelassen.

Dieses kleine Beispiel zeigt, dass auch Schreibende und Lesende wie ich – auf Fehlererkennung trainiert – keineswegs immer fehlerfrei agieren. Aber das habe ich, glaube ich, auch am Anfang dieses Buches schon bekannt. Unsinn! Was heißt hier »glaube ich«? Dass ich es bereits in der Einleitung erwähnt habe, das weiß ich natürlich genau.

## 27 Eine Floskel, die nicht ausstirbt

**V**or hundert Jahren schrieben Kaufleute oft, was sie des Öfteren heute noch schreiben:

> Sehr geehrter Herr Baldrian,
>
> anliegend übersende ich Ihnen das gewünschte Merkblatt.

Oder:

> beigefügt lasse ich Ihnen das gewünschte Merkblatt zukommen.

Oder:

> anliegend erhalten Sie die neue Preisliste.

Oder:

beigefügt erhalten Sie die neue Preisliste.

Ist daran etwas auszusetzen? Viele meinen, dass daran nichts auszusetzen sei, und benutzen diese alten, inhaltlich immer wieder benötigten Formulierungen nach wie vor.

Und was machen Sie?

## 27 Eine Floskel, die nicht ausstirbt

**W**enn jemand gleich zur Sache kommt, so ist das zu begrüßen. Werden wir gebeten, etwas zu schicken, können wir das ohne Verzögerung tun und ohne Umschweife sagen, *dass* wir es tun. Also nicht etwa: »Bezug nehmend auf Ihr Schreiben vom 4. v. Mt. übersenden wir Ihnen anliegend das gewünschte Merkblatt.« Den Bezug auf das Schreiben der anderen Seite, in diesem Fall vom 4. März 2003, sollten wir in der Bezugszeile oder im Informationsblock oder im Betreff unterbringen (alle drei Briefbestandteile stehen oberhalb der Anrede), und dann können wir dem Empfänger sofort das schreiben, was für ihn am wichtigsten ist, zum Beispiel: dass er das Gewünschte bekommt.

In diese Sammlung haben wir die verbreiteten »anliegend«- und »beigefügt«-Floskeln allerdings aus einem anderen Grund aufgenommen.

Lachend begrüßte sie ihn.
Den Scheck in der Hand schwenkend, kam er herein.

Beeindruckt nahm er den Bericht zur Kenntnis.
Angewidert wandte sie sich ab.

Wir haben es hier zweimal mit dem Partizip Präsens (lachend, schwenkend) und zweimal mit dem Partizip Perfekt (beeindruckt, angewidert) zu tun. In allen Fällen beziehen sich diese Mittelwörter auf das Subjekt des Satzes, also auf die Satzgegenstände: sie, er, er, sie.

In dem Satz »anliegend übersende ich Ihnen das gewünschte Merkblatt« geschieht grammatisch dasselbe. Wer liegt also an? Das bin ja wohl »ich«. Was sollte anliegen? Eindeutig »das gewünschte Merkblatt«.

Dieselbe Schwäche enthalten solche Sätze mit »beigefügt«. In der Wendung »beigefügt lasse ich …« bin »ich« beigefügt, und in der Wendung »beigefügt erhalten Sie« ist der andere (Sie) beigefügt.

Nun wissen wir natürlich alle, dass die Aussagen so nicht gemeint sein können, und niemand wird solche Sätze falsch verstehen. Aber warum einen alten Grammatikfehler in einer veralteten Floskel ständig wiederholen, obwohl es genug sinnvolle Ausweichmöglichkeiten gibt? Welche?

Sehr geehrter Herr Wecker,

– mit diesem Brief sende ich Ihnen das gewünschte Merkblatt.
– mit diesem Brief erhalten Sie das gewünschte Merkblatt.
– hiermit sende ich Ihnen das gewünschte Merkblatt.
– hiermit erhalten Sie das gewünschte Merkblatt.

Zu »hiermit«: In Sätzen wie »Ich kündige hiermit zum 31. Januar 2005« ist das »hiermit« überflüssig. Womit denn sonst? Wenn ich schreibe »Ich kündige zum 31. Januar 2005«, so habe ich gekündigt. In unseren Vorschlagsätzen ist die Situation anders: Das kleine »hiermit« ersetzt das längere »mit diesem Brief« und sorgt außerdem für Abwechslung.

Gibt es weitere Ausdrucksmöglichkeiten für diese oft erforderliche Aussage? Sicher.

a) hier das gewünschte Merkblatt.
b) anbei das gewünschte Merkblatt.
c) anliegend das gewünschte Merkblatt.
d) beigefügt das gewünschte Merkblatt.
e) aus dem anliegenden Merkblatt ersehen Sie, dass ...
f) aus dem beigefügten Merkblatt erfahren Sie, wie ...

Zu b: Das Wort »anbei« ist eine Verdoppelung (das Merkblatt liegt an dem Brief, es liegt bei dem Brief) und insofern nicht gerade empfehlenswert; aber es ist fest eingeführt, und die meisten Schreibenden und Lesenden nehmen diesen kleinen Makel gar nicht mehr wahr.

Zu c und d: Da hier – in einem verkürzten Hauptsatz – Prädikat und Subjekt fehlen (etwa: senden wir), können sich »anliegend« und »beigefügt« nur auf das Objekt beziehen, und dieser Bezug ist ja gewollt.

Zu e und f: Diese Darstellungsform ist besonders elegant. Das Beifügen wird als selbstverständliche Handlung (es war ja gewünscht) in eine erweiterte Aussage eingebaut, und Formulierungen dieser Art deuten an: Sie haben ... gewünscht, und selbstverständlich erfüllen wir Ihren Wunsch.

Zu den Ausgangssätzen noch ein paar Kleinigkeiten: Das einfache »senden« genügt; »übersenden« ist vermutlich eine Mixtur aus »senden« und »übermitteln«. – Das Prädikat »zukommen lassen« ist zwar korrekt, hat aber einen leicht »gnädigen« Unterton (zum Beispiel: armen Verwandten etwas zukommen lassen), ist also in Geschäftsbriefen nicht gerade erste Wahl.

Art der Fehler: **falscher Bezug**.

## 28 Eine ganz andere Aufgabe

**V**ielleicht haben Sie die eine oder andere Aufgabe in diesem Buch nicht lösen können und nach dem Lesen der Lösung »Ja klar« vor sich hin gesagt. Nein, das ist gar nicht schlimm. Wer weiß schon alles, wer findet schon jeden Fehler! Und wer begeht schon niemals selbst einen Fehler!

Aber wäre es nicht einmal recht reizvoll, einen Fehler oder wenigstens ein paar Schwächen bei einer so großartigen und über jeden Zweifel erhabenen Institution wie »dem Duden« zu entdenken?

In Band 9 der Dudenreihe – »Richtiges und gutes Deutsch« – (Ausgabe 1997) ist unter »Pleonasmus« zu lesen, dass »nochmals überprüfen« eine Wendung mit einem überflüssigen Zusatz sei (»nochmals« also).

An anderer Stelle befindet der Duden allerdings, dass die Zusammensetzung »Rückantwort« kein Pleonasmus sei, weil sie gegenüber dem einfachen Wort eine andere Bedeutung habe.

Wie ist das zu beurteilen?

## 28 Eine ganz andere Aufgabe

**W**as »nochmals überprüfen« betrifft, so erlauben Sie bitte, dass ich einmal aus meinem Buch »Stilistik der Geschäftskorrespondenz« (»Wirtschaftsverlag Langen Müller / Herbig«) zitiere.

> Ein Geschäftsführer soll einen schwierigen, umfangreichen Vertrag unterschreiben. Natürlich prüft er ihn. Er hat einige Einwendungen und schreibt sie stichwortartig an den Rand.

Dann beauftragt er seinen Prokuristen: »Bitte überprüfen Sie den Vertrag und meine Einwände.« Anschließend wendet er sich noch an einen befreundeten Juristen: »Mein Prokurist hat den Vertrag überprüft, einschließlich meiner Einwände. Ich bitte Sie, das Ganze nochmals zu überprüfen – man kann hier nicht vorsichtig genug sein.« Ist das »nochmals« in »nochmals überprüfen« an dieser Stelle überflüssig? Nein.

Die angeblich pleonastische Wendung »nochmals überprüfen« kennzeichnet einen Vorgang, der sich von dem Vorgang »überprüfen« unterscheidet, das heißt: der den Sachverhalt genau trifft.

Genauso ist es bei einer Wendung, die wir wieder und wieder und wieder in Fernsehreportagen und in Büchern finden:

Ich wiederhole nochmals …

In dem folgenden Text ist das »wiederhole nochmals« situationsgerecht.

Ich habe Ihnen das schon mehrfach gesagt. Aber ich wiederhole nochmals, dass dieser Verkaufstrick für uns nicht infrage kommt.

Eine richtige Wendung also – allerdings nur für Fälle dieser Art. In der Praxis wird »ich wiederhole nochmals« regelmäßig für Fälle benutzt, in denen jemand etwas schlicht wiederholt, es noch einmal sagt. Die Wendung »ich wiederhole nochmals« oder »ich wiederhole noch einmal« ist nur dann berechtigt – nicht irreführend –, wenn sie sich auf eine zweite, dritte … Wiederholung bezieht.

Zur »Rückantwort«: Immer häufiger – zum Glück – finden wir auf den berühmt-berüchtigten Werbekarten, die wir mit einem positiven Bescheid zurückschicken sollen, den Aufdruck »Antwort«. Das heißt: Mehr und mehr Werbetreibende erkennen, dass die »Antwort« hier korrekt ist und genügt und dass die

»Rückantwort« keineswegs eine spezialisierte Antwort ist, sondern eine Information, die es gelegentlich ebenfalls gibt. Die »Rückantwort« zu einer Spezialantwort zu erklären, dafür ist die Begründung zu dünn (Duden: »Antwort auf eine telefonische oder schriftliche Anfrage«). Wäre es so, wie in Band 9 der Dudenreihe angegeben, dann müsste ja jemand, der auf eine vom Partner offenbar vergessene telefonische Antwort verweist, etwa sagen: »Ich habe Ihnen doch auf Ihre Anfrage vom 24. Mai ausführlich telefonisch gerückantwortet.« Tut er natürlich nicht: weil die telefonische Antwort genauso wenig eine Rückantwort ist wie der Antwortbrief oder das Antwortfax auf eine Anfrage, ob man von dem Produkt XY zwei Kisten mehr liefern könne.

Warum meine Bezeichnung »berühmt-berüchtigte Werbekarten«? Weil diese Postkarten Karriere gemacht haben, weil sie eine Dauereinrichtung geworden sind und weil auf ihnen meistens eine Information wie diese zu lesen ist: »Bitte ausreichend frankieren. Danke!« (Und das ist eine der freundlichen Fassungen.) Tatsache ist, dass das Bezahlen der Postleistungen bei solchen Antworten Pflicht der Werbetreibenden ist.

Am Rande, aber durchaus wichtig: Band 9 der Dudenreihe – »Richtiges und gutes Deutsch« – ist ein hervorragendes Nachschlagewerk, das neben dem Rechtschreibduden (Band 1) auf jeden Schreibtisch gehört.

Art der Fehler: **situationswidrige Verwendung**.

## 29 Falsch verbunden

Vor 50 Jahren haben wir über die »reitende Artilleriekaserne« gelacht, später über den »vierköpfigen Familienvater«, die »dreijährige Ehefrau« und den »warmen Würstchenverkäufer«. Mithilfe solch komischer Wortverbindungen war es leicht möglich, den Fehler zu verdeutlichen. Aber wie ist das zum Beispiel mit der städtischen Kulturvereinssitzung, der landwirtschaftlichen Maschinenfabrik, dem Elektronikausfuhrverbot nach Kuba, dem Vertrauensbeweis in den Wirtschaftsstandort? Das klingt in den meisten Ohren keineswegs falsch. Und doch ... Wer oder was ist hier bei der städtischen Kulturvereinssitzung städtisch: die Sitzung oder der Kulturverein? Was ist bei der landwirtschaftlichen Maschinenfabrik landwirtschaftlich: die Maschinen oder die Fabrik? Soll von einem Verbot nach Kuba oder vom Verbot einer Elektronikausfuhr nach Kuba die Rede sein? Geht es um einen Beweis in den Wirtschaftsstandort oder um das Vertrauen in den Wirtschaftsstandort?

Doch nun etwas Aktuelles. TV-Gespräch über eine mögliche Firmenübernahme. Es ging um die Unternehmen L'Oréal und Beiersdorf. Im Hintergrund war groß zu lesen:

BEIERSDORF
Lohnende Übernahmegerüchte

Nach der Einleitung zu diesem »Fall 29« wird es Ihnen nicht schwer fallen, den Denkfehler, der entstanden ist, aber nicht in jeder Aussage einer zu sein braucht, ausfindig zu machen.

Und gleich noch ein Beispiel, das zwar etwas anders aussieht, aber dieselbe Fehlergrundlage hat. Überschrift:

Vorbereitungslehrgang auf die Jägerprüfung

Was gemeint ist – klar. Aber klingt das nicht irgendwie ein bisschen komisch?

## 29  Falsch verbunden

**B**ei der »reitenden Artilleriekaserne« merken wir es sofort: Die Kaserne reitet nicht, sondern eine Spezialtruppe der Artillerie. Aber es klingt so, als ritte die Kaserne.

Beim »warmen Würstchenverkäufer« dasselbe. Offenbar ist ein Verkäufer warmer Würstchen gemeint. Aber im Gegensatz zur reitenden Artilleriekaserne ist die nicht gemeinte Bedeutung möglich. Dass dieses Beispiel nicht schon früher aufgekommen ist, mag daran gelegen haben, dass Homosexualität verboten war. Nun aber – es könnte ja ein schwuler Würstchenverkäufer gemeint sein. Da wir jedoch ahnen, dass ebendieser Verkäufertyp nicht gemeint war, sondern ein Verkäufer – egal mit welcher Sexualtriebausstattung –, dessen Angebot warme Würstchen waren, ebendeshalb werden die meisten beim Lesen, das Richtige ahnend, leicht schmunzeln.

Nun gibt es allerdings bei unserem aktuellen Beispiel gar nichts zu schmunzeln.

### Lohnende Übernahmegerüchte

Was war gemeint: eine lohnende Übernahme oder lohnende Gerüchte? Ganz gewiss eine lohnende Übernahme. Aber leider kommt diese Bedeutung bei dieser Schreibweise nicht zustande.

Wie bilden wir Wortverbindungen? Indem wir sie, wenn sie nicht zu lang sind, einfach zusammenziehen und indem wir sie, wenn eine solche Zusammenschreibung unübersichtlich wird, mit Bindestrich versehen oder bei mehr als zwei Gliedern durchkoppeln.

Messeplan, Schadenersatz, Einkommensteuer, aromaergiebig Korrespondenz-Rationalisierung, Gemeindegrundsteuer-Veranlagung, 400-Meter-Lauf, 5-%-Klausel, Johannes-B.-Kerner-Show

In all diesen Verbindungen ist das letzte Wort der Zusammensetzung (Messeplan) oder der Aneinanderreihung (Klausel) das Grundwort, das »Haupt«-Wort. Ob Einkommensteuer, Umsatzsteuer, Gewerbesteuer ... wir haben es immer mit einer Steuer zu tun. Alles, was vor dieses Grundwort gespannt wird, dient der Erklärung. In »Schadenersatz« ist »Schaden« ein Bestimmungswort zu »ersatz«; in »5-%-Klausel« sind »5« und »%« in Zahl und Zeichen ausgedrückte Bestimmungswörter zu »Klausel«.

Jetzt wird es für unseren Fall entscheidend. Was wir über eine Zusammensetzung aussagen, bezieht sich auf das Grundwort.

eine lange Kulturvereinssitzung

Das Adjektiv »lange« bezieht sich auf das Grundwort der Zusammensetzung, auf »sitzung«, und das soll es ja auch; hier wird von einer langen Sitzung gesprochen.

eine städtische Kulturvereinssitzung

Der Kulturverein ist städtisch, nicht die Sitzung. Also – falsch formuliert. Das Adjektiv »städtische« soll sich auf »Kulturverein« beziehen, bezieht sich aber auf »sitzung«.

Und in unserem aktuellen Beispiel aus der Welt der freundlichen und feindlichen Firmenübernahmen, wie ist es dort?

Lohnende Übernahmegerüchte

Die beiden n-tv-Expertinnen redeten über eine mögliche lohnende Übernahme von Beiersdorf durch L'Oréal. Der schriftliche Text dazu aber sprach von lohnenden Gerüchten.

In diesem Fall ist die Fehlformulierung nicht nur ein Formfehler, noch dazu nur ein Formfehler, der keinen Witz fabriziert; sie ist vielmehr ein – wenn auch wohl irreführender – Hinweis auf dunkle Machenschaften. Es kann ja durchaus lohnend sein,

Gerüchte auszustreuen, weil solche Gerüchte, zumal an der Börse, zu Reaktionen zu führen pflegen, die für die Ausstreuer nützlich sein mögen.

Und wie hätte sich dieser Fehler vermeiden lassen? Und auch der Fehler bei der Formulierung der »städtischen Kulturvereinssitzung«? Durch Auflösung des falsch gestrickten Geflechts.

eine Sitzung des städtischen Kulturvereins
Gerüchte über eine lohnende Übernahme

Nicht unbedingt empfehlenswert, aber eine immerhin korrekte Möglichkeit wäre auch:

Lohnende-Übernahme-Gerüchte

Mit dem Durchkoppeln würde wenigstens erreicht, dass das jeweilige Adjektiv auch an das Grundwort der Zusammensetzung gebunden wäre.

Nun haben wir noch einen Fall:

Vorbereitungslehrgang auf die Jägerprüfung

Was entsteht hier? »…lehrgang auf die …prüfung«. Das aber ist nicht gemeint; gemeint ist: »Vorbereitung… auf die …prüfung«. Wie bekommen wir das zustande? So:

Lehrgang zur Vorbereitung auf die Jägerprüfung

Oder:

Vorbereitungslehrgang »Jägerprüfung«

Art des Fehlers: **falsche Verbindungen bei Zusammensetzungen.**

## 30 Ja oder nein?

Es gibt den Spruch »Bei denen weiß die Rechte nicht, was die Linke tut«. Oder umgekehrt. Das kommt, zum Beispiel, in Parteien oft vor. Die eine Abgeordnete sagt dies, der andere Abgeordnete sagt das, und was sie sagen, passt nicht zusammen oder steht sogar in Widerspruch zueinander.

Besonders peinlich ist es, wenn dergleichen geschieht, ohne dass mehrere Personen oder Gruppen am Werk sind, das heißt, wenn bei einer einzigen Person die Bestandteile einer Rede oder einer Schrift nicht miteinander korrespondieren.

> Wir bedauern sehr, Sie nicht als neuen Versicherungsnehmer bei unserer Gesellschaft begrüßen zu können.

> Die von Ihnen ausgesprochene Kündigung des vorgenannten Vertrags haben wir zunächst zur Kenntnis genommen.

Das muss man, um es verstehen oder durchschauen zu können, mehrfach lesen, nicht wahr?

## 30 Ja oder nein?

In diesem Brief werden zwei Aussagen gemacht. Die eine, in sich ganz in Ordnung, lautet:

> Wir bedauern sehr, Sie nicht als neuen Versicherungsnehmer bei unserer Gesellschaft begrüßen zu können.

Die andere Aussage, für sich genommen, scheint ebenfalls in Ordnung zu sein:

Die von Ihnen ausgesprochene Kündigung des vorgenannten Vertrags haben wir zunächst zur Kenntnis genommen.

Aber beide im Zusammenhang?

Als neuen Versicherungsnehmer kann die Gesellschaft nur jemanden begrüßen, der bis dahin noch nicht Versicherungsnehmer dieser Gesellschaft gewesen ist.

Die Kündigung eines Vertrags ist nur dann möglich, wenn ein Vertrag bestanden hat.

Wenn jedoch ein Vertrag bestanden hat, kann man den Korrespondenzpartner nicht als neuen Versicherungsnehmer begrüßen.

Zu verstehen ist dieser Widerspruch vielleicht so: Der Versicherungsnehmer hat geerbt, hat zum Beispiel seinen Vater beerbt. In der Hinterlassenschaft fand er einen Versicherungsvertrag. Die Gesellschaft hätte gern gesehen, wenn der Sohn den Vertrag des Vaters weitergeführt hätte. Der wollte aber nicht und hat den Vertrag stattdessen gekündigt.

Möglicherweise ist der Sohn in einem solchen Fall automatisch Nachfolger seines Vaters, also Versicherungsnehmer der Gesellschaft, mit welcher der Vater einen Vertrag unterhalten hatte. Dann hätte der Sohn zwar den Vertrag kündigen müssen, falls er ihn nicht hätte weiterführen wollen, aber er wäre kein neuer Versicherungsnehmer geworden, sondern nur der Nachfolger des verstorbenen Versicherungsnehmers.

Wie hätte man in diesem anscheinend etwas komplizierten Fall eindeutig formulieren können?

Wir bedauern, dass Sie den Vertrag Ihres Vaters nicht weiterführen wollen.

Ihre Kündigung ...

Wie schlecht der fällige Brief in diesem Fall gewesen ist, zeigt auch der zweite Satz.

Ihre Kündigung haben wir zunächst zur Kenntnis genommen.

Was kann, was soll der Korrespondenzpartner damit anfangen? Erste Frage: Was heißt »zunächst«? Werden sie den Kündigungsbrief vielleicht in ein paar Wochen wieder aus ihrer Kenntnis streichen? Zweite Frage: Was bedeutet überhaupt »zur Kenntnis genommen«? Der Kündigende will wissen, ob seine Kündigung angenommen worden ist oder nicht oder ob der Möglichkeit, in diesem Fall mit sofortiger Wirkung zu kündigen, irgendetwas im Wege steht.

Wie kann man nur mit einem Zwei-Sätze-Brief so viel Unsicherheit verbreiten!

Eine ähnlich unglückliche Formulierung stammt aus einer anderen Versicherungsgesellschaft.

Die Prämien sind angestiegen. Andererseits hat aber auch die Schadenhäufigkeit zugenommen.

Daraus mögen Argwöhnende schließen: Erst haben die Brüder wieder einmal die Prämien erhöht, und dann haben sie sich dafür eine plausible Begründung ausgesucht, und zwar eine Begründung, deren Richtigkeit ich nicht prüfen kann.

Wie oberflächlich hier gedacht worden ist, genauso schludrig ist auch im Übrigen formuliert worden.

Wenn der zweite kurze Satz mit »Andererseits« beginnt, hätte der erste kurze Satz wohl mit »Einerseits« starten sollen.

Dass die Prämien nicht einfach gestiegen, sondern angestiegen sind, das ist die übliche unnötige Worterweiterung.

Und wie hätte die Auskunft zum Beispiel besser lauten können?

> Da die Schadenhäufigkeit zugenommen hat, sind die Prämien gestiegen.

Oder:

> Da die Schadenhäufigkeit zugenommen hat, mussten wir die Prämien leider anpassen.

Und so weiter. Noch einige andere brauchbare bis gute Formulierungen sind möglich. Aber die wirklich geschriebene wäre besser nicht aufs Papier und zum Empfänger gekommen.

## 31 Absichten

**I**ch schreibe diesen Text, um Sie auf eine sprachliche Falle aufmerksam zu machen, in die viele hineintappen. Das »um zu« in diesem Satz macht deutlich, dass ich etwas beabsichtige. Und worauf bezieht sich in diesem Satz das »um zu« der Infinitivgruppe? Auf das Subjekt des Hauptsatzes, auf »Ich«. Unsere Aufgabe:

> Wir informieren Sie schon heute, um die Vorbereitungen rechtzeitig treffen zu können.

Das ist eine der gefürchteten Formulierungen, die falsch verstanden werden können, und das kann dann wiederum unangenehme Folgen haben.

# 31 Absichten

»**R**obert Blum eilte nach Wien, um dort bald darauf erschossen zu werden.« Dieser Satz stand in Ludwig Reiners' Stilfibel, die Mitte des vorigen Jahrhunderts erschien. Der Fehler ist offenkundig, aber nur, weil uns der Satz einen dummen Scherz liefert. Und ebendeshalb scheint er für die alltägliche Formulierpraxis nicht viel gebracht zu haben. Der Fehler geistert seitdem weiter und weiter durch unsere Texte. Das ist manchmal ziemlich gleichgültig, manchmal aber auch schlimm.

> Ich mache Sie auf diesen Fehler aufmerksam, um klarer formulieren zu können.

Falsch. Denn diesem Satz zufolge tue ich etwas, damit ich selbst besser formulieren kann. Das ist jedoch nicht der Gedanke, den ich ausdrücken wollte. Um den Gedanken, den ich meine, zu treffen, muss ich so schreiben:

> Ich mache Sie auf diesen Fehler aufmerksam, damit Sie klarer formulieren können.

In der ersten Fassung bezieht sich das »um« auf »Ich«, und das soll es gar nicht. Aber – ist das in diesem Fall sehr schlimm? Nein, denn alle Lesenden werden sofort erkennen, wie meine Formulierung gemeint ist.

In unserem Aufgabe-Satz verhält sich das allerdings anders:

> Wir informieren Sie schon heute, um die Vorbereitungen rechtzeitig treffen zu können.

Als der Schreiber die Leistung abrufen wollte, die getroffenen Vorbereitungen, erlebte er eine Überraschung. Der Korrespondenzpartner sagte ihm: »Ich dachte, das machen *Sie*.« Worauf der Schreiber, schon ziemlich verärgert, entgegnete:

»Ich habe Ihnen doch extra geschrieben, dass Sie die Vorbereitungen rechtzeitig treffen sollten!« Das wiederum wollte der so Gescholtene nicht wahrhaben. »Das haben Sie mir nicht geschrieben«, war seine Antwort, »ich dachte, die Information, die Sie mir gegeben haben, gehöre zu Ihren Vorbereitungen.«

Und was hat die ganze Verwirrung verursacht? Das kleine, unscheinbare, unbeachtete »um zu«. Es bezieht sich, wie immer, auf das Subjekt des Satzes, also auf »Wir«, und leider nicht auf das Objekt des Satzes, nämlich »Sie«, was es sollte. Wie wäre die Formulierung richtig gewesen, wie hätte der Schreiber die Panne vermeiden können?

> Wir informieren Sie schon heute, damit Sie die Vorbereitungen rechtzeitig treffen können.

Aus »um zu« ist »damit Sie« geworden. Kein Missverständnis möglich!

Art des Fehlers: **falscher Bezug**.

## 32 Wenn und Aber

Es ist ja lobenswert, wenn jemand versucht, sich kurz zu fassen, also den Lesenden unnötige Arbeit zu ersparen. Aber man darf es nicht übertreiben.

> Wenn Sie sich die Lage auf dem Gebrauchtwagenmarkt einmal genau ansehen, so gehen die Verkaufszahlen, besonders bei den Mittelklassemodellen, langsam zurück.

Dass die Verkaufszahlen auf dem Gebrauchtwagenmarkt rückläufig sind, ist ja bedauerlich. Aber sind die Anbieter da nicht selbst schuld? Das ließe sich doch ganz leicht ändern! Oder?

Und wie steht es mit den Weichmacherzusätzen X und Y?

Ein Weichmacherzusatz in der Zurichtung ist nicht erforderlich. Wenn er gewünscht wird, eignen sich X und Y.

Was ist ein Weichmacherzusatz? Das weiß nicht jeder. Aber um den Satz logisch in Ordnung zu bringen, braucht man das auch gar nicht zu wissen.

## 32 Wenn und Aber

»**D**er stellt vielleicht komische Fragen«, werden Sie vielleicht gedacht haben, als Sie den 32-Text gelesen hatten. Also noch einmal:

Wenn Sie sich die Lage auf dem Gebrauchtwagenmarkt einmal genau ansehen, so gehen die Verkaufszahlen, besonders bei den Mittelklassemodellen, langsam zurück.

Und wie soll es für die Anbieter möglich sein, diese betrübliche Entwicklung zu stoppen?

Leicht getan: Die Lage auf dem Gebrauchtwagenmarkt einfach *nicht* ansehen!

»Soll das ein Witz sein?«, werden Sie nun vermutlich fragen. Nein, das soll kein Witz sein. Ich habe diese Möglichkeit aus dem Text erschlossen. Da steht es doch: dass die Verkaufszahlen langsam zurückgehen, w e n n  wir uns die Lage auf dem Gebrauchtwagenmarkt einmal genau ansehen.

Ja, genau besehen ist die Sache sogar noch günstiger: Wir brauchen die Verkaufszahlen nur ganz normal anzusehen – also bitte nicht etwa genau! –, und schon …

Nun aber Scherz beiseite! Natürlich hängt die Entwicklung der Verkaufszahlen auf dem Gebrauchtwagenmarkt nicht davon ab, ob wir sie genau ansehen oder ob wir sie nur so ganz normal ansehen oder ob wir sie überhaupt nicht ansehen. Das Ansehen treibt die Zahlen weder nach unten, noch treibt das Nichtansehen die Zahlen nach oben. Die »Wenn«-Bedingung hat den richtigen Anschluss verpasst: weil der Schreiber ihn unterschlagen hat. Richtig:

Wenn Sie sich die Lage auf dem Gebrauchtwagenmarkt einmal genau ansehen, so werden Sie feststellen, dass die Verkaufszahlen, besonders bei den Mittelklassemodellen, langsam zurückgehen.

Dieser Fehler begegnet uns des Öfteren. In solchen Fällen stolpert sich das Denken ein bisschen zu schnell voran.

Und wie war das mit unseren Weichmacherzusätzen X und Y?

Ein Weichmacherzusatz in der Zurichtung ist nicht erforderlich. Wenn er gewünscht wird, eignen sich X und Y.

Da uns versichert wird, dass ein Weichmacherzusatz in der Zurichtung nicht erforderlich ist, wollen wir dem mal Glauben schenken. Die Weichmacherzusätze X und Y werden also von uns nicht gewünscht. Eignen sie sich, wenn wir sie nicht wünschen, nun etwa nicht? Falls sie sich eignen, tun sie das immer, gleichgültig, ob sie gewünscht werden oder nicht. Wie hätte sich der Fehler vermeiden lassen?

Ein Weichmacherzusatz in der Zurichtung ist nicht erforderlich. Wenn er gewünscht wird, empfehlen wir X und Y.

Oder, zum Beispiel:

Als Weichmacherzusatz eignen sich X und Y. In dieser Zurichtung sind sie aber nicht erforderlich.

*Ein* falsches Wort – in der Originalfassung »eignen sich« –, und schon wird etwas richtig Gemeintes falsch. Das Gemeinte und das Formulierte stimmen nicht überein. Die Kodierung ist missglückt.

## 33 Richtiges Fragen will gelernt sein

In dem Buch »Fit fürs Leben« von Harvey und Marilyn Diamond, das so manchen guten Hinweis enthält (Verlag Goldmann), fand ich folgende bedenkenswerte Frage:

> Ich werde Ihnen eine Frage stellen, für deren Beantwortung Sie nur Ihren gesunden Menschenverstand gebrauchen sollen. Kühe trinken keine Kuhmilch, weshalb sollen dann Menschen sie trinken?

Die Meinung der Autoren ist, dass Menschen überhaupt keine Kuhmilch trinken sollten. Nun sind Sie an der Reihe.

## 33 Richtiges Fragen will gelernt sein

Wie können wir bei dieser Art der Fragestellung die erwartete Antwort geben?

> Ich werde Ihnen eine Frage stellen, für deren Beantwortung Sie nur Ihren gesunden Menschenverstand gebrauchen sollen. Kühe trinken keine Kuhmilch, weshalb sollen dann die Menschen sie trinken?

Wir können sie überhaupt nicht geben. Die Frage ist in dieser Form lediglich als rhetorische Frage sinnvoll, als eine Frage also, auf die keine Antwort erwartet wird: weil sich die Antwort von selbst versteht.

Nun wird aber ausdrücklich gesagt, wir Lesenden sollen bei der Beantwortung dieser Frage unseren gesunden Menschenverstand gebrauchen. Will man also doch eine Antwort von uns erhalten?

»Kühe trinken keine Kuhmilch, weshalb sollen dann die Menschen sie trinken?« Wenn wir die Frage wirklich zu beantworten versuchen, werden wir mit »Weil …« beginnen. Die Art der Frage legt das nahe, um nicht zu sagen, dass sie uns diesen Antwortanfang in den Mund legt, dass sie ihn fast zwingend vorschreibt.

Mit einer Weil-Antwort kommen wir jedoch gedanklich auf ein Gleis, das für die Autoren das falsche Gleis ist.

Das ist geradezu witzig, denn möglicherweise ist ja das aus Autorensicht falsche Gleis das richtige Gleis. Versuchen wir's mal, es geht ganz leicht.

Kühe trinken keine Kuhmilch, weshalb sollen dann die Menschen sie trinken?

Weil sie Menschen und keine Kühe sind.

Die Autoren führen weiter aus, dass nur Kälber Kuhmilch trinken – wie kleine Menschenkinder Muttermilch trinken. Wenn die Kälber entwöhnt seien, tränken sie nie mehr Kuhmilch. Also, meinen die Autoren, wenn die Menschenkinder nicht mehr von der Mutter gestillt werden, sollten sie auch keine Milch mehr trinken: keine Muttermilch, die sie ja auch nicht mehr bekommen (das wäre die korrekte Parallele zu Kalb und Kuhmilch), aber auch keine andere Milch, in diesem Fall Kuhmilch. »Die Menschen aber wollen uns lehren, dass nach dem Stillen durch die Mutter die Kuh uns weiter versorgen soll.

95

Heißt das mit anderen Worten, dass es ein Geschöpf auf der Erde gibt, das nie, niemals entwöhnt werden soll, nämlich der Mensch?«

Nebenbei: Dass Haustiere Milch trinken, erklären die Autoren damit, dass diese Tiere »ihren natürlichen Instinkten nicht mehr folgen können«.

Wie hätte gefragt werden müssen, damit eine Antwort möglich wäre, die den Autoren gefallen hätte? Zum Beispiel so:

> Ich werde Ihnen eine Frage vorlegen, die Sie nur mit Ihrem gesunden Menschenverstand bedenken sollen. Kühe trinken keine Kuhmilch. Warum sollten dann auch wir Menschen keine Kuhmilch trinken?

Jetzt können wir mit »Weil ...« in der gewünschten Richtung antworten. Etwa (wie die Autoren später ausführen): Weil die für den Abbau und die Verdauung der Milch notwendigen Enzyme, Rennin und Lactase, bei den meisten Menschen vom dritten Lebensjahr an nicht mehr vorhanden sind. Weil ... Weil ... Weil ...

Eine andere Lösung des Problems wäre es, wenn die Frage als rhetorische Frage deutlich gemacht würde.

> Bedenken Sie einmal Folgendes: Kühe trinken keine Milch. Warum sollten also wir Menschen Milch trinken!

Mit dem Austausch von »Kuhmilch« gegen »Milch« wäre auch die Neben-Unlogik verschwunden, dass einmal von »Kalb – Kuhmilch« und einmal von »Baby – Kuhmilch« die Rede ist, während die Entsprechung ja »Baby – Muttermilch« wäre. Nein, verschwunden wäre diese Unlogik natürlich nicht – sie wäre nur getarnt.

Übrigens sagen die Autoren auch: »Die Kuhmilch hat eine andere chemische Zusammensetzung als die menschliche

Milch.« Daraus könnte man schließen: Eben. Muttermilch trinken wir Menschen nach der Entwöhnung genauso wenig, wie Kälber nach der Entwöhnung Kuhmilch trinken. Aber eine Milch mit ganz anderer chemischer Zusammensetzung, die Kuhmilch, warum sollten wir die dann ebenfalls nicht trinken? Wenn jemand sie nicht verträgt – in Ordnung! Der hält sich besser von Kuhmilch fern. Aber die anderen?

## 34 Klein, aber tückisch

Auch kleine Wörter haben ihren Sinn, und wenn man ihnen zu wenig Beachtung schenkt, rächen sie sich.

Die folgenden Sätze stammen aus Reden, die im Deutschen Bundestag gehalten wurden; entweder ein kleines Wort ist falsch gewählt, oder es ist eins zu viel an Bord.

a) Damit will ich zum Schluss kommen, und deshalb bitte ich, unseren Antrag anzunehmen.

b) Darum wäre es schon aus diesem Grund notwendig gewesen, etwas dagegen zu tun.

c) Man könnte das Gesetz an den Rechtsausschuss zurückverweisen und insofern die Beratung aussetzen.

d) Alles das durften Sie dem Hause nicht vorenthalten; denn das, was Sie als Bericht vorgelegt haben, ist keiner.

e) Diese Amtsträger einer Partei haben schließlich die größte Erfahrung, denn der Vorstand kann auf ihre Mitwirkung gar nicht verzichten.

f) Hier geht es keineswegs um die Förderung des Düngerverbrauchs. Viel wichtiger ist aber die Entlastung des Unkostenkontos.

g) Das entscheidet darüber, ob die wissenschaftlichen Hochschulen ihren Bildungsauftrag noch erfüllen können. Aber unser ganzes Volk ist heute in seiner staatlichen Existenz darauf angewiesen, dass die Hochschulen diesen Bildungsauftrag erfüllen.

h) Das hängt davon ab, welche sachlichen Entscheidungen in Bezug auf die Krankenhilfe man getroffen hat. Denn lassen Sie mich etwas anderes sagen.

i) Sie sollten auch nicht ein grünes Licht dafür hinstellen; denn das tun Sie doch in Wirklichkeit.

j) Es gibt hinsichtlich der Ansprüche der Bürger keine Grenzen, und die Grenzen müssen von uns gesetzt werden.

## 34 Klein, aber tückisch

**D**ass beim Reden leichter Fehler passieren als beim Schreiben, ist klar. Und deshalb wollen wir in dieser Beziehung mit unseren Volksvertretern nicht zu streng umgehen. Allerdings: Die meisten Reden im Bundestag – im Gegensatz zum Bundesrat – werden abgelesen. Also ...

a) Damit will ich zum Schluss kommen, und deshalb bitte ich, unseren Antrag anzunehmen.

Weil er zum Schluss kommen will, bittet er, den Antrag anzunehmen. Er ist es leid, noch länger über diese Sache zu reden, oder er hat seine Redezeit verbraucht. Egal. Die Bitte, den Antrag anzunehmen, sollte schon andere Begründungen haben.

aa) Damit will ich zum Schluss kommen. Ich bitte Sie, unseren Antrag anzunehmen.

Nun bereitet der erste Satz den zweiten vor. Natürlich ist nur die zweite Aussage wichtig. Aber eben weil sie wichtig ist, mag es hin und wieder zweckmäßig sein, eine Art Anlauf zu nehmen. (Vielleicht muss man ja auch ein paar Schlummernde wecken.)

b) Darum wäre es schon aus diesem Grund notwendig gewesen, etwas dagegen zu tun.

Wird etwas dadurch besser, dass man es – unbeabsichtigt – zweimal ausdrückt? Der Redner begründet mit »Darum« und dann noch einmal mit »aus diesem Grund«.

bb) Schon aus diesem Grund wäre es notwendig gewesen, etwas dagegen zu tun.

Statt »aus diesem Grund« wäre auch »Darum« möglich; »aus diesem Grund« lässt die Sache etwas wichtiger erscheinen.

c) Man könnte das Gesetz an den Rechtsausschuss zurückverweisen und insofern die Beratung aussetzen.

Übersetzen wir einmal »insofern«. Es bedeutet hier etwa »in dieser Hinsicht«. Ist das gemeint? Nein. Gemeint ist:

cc) Man könnte das Gesetz an den Rechtsausschuss zurückverweisen und dadurch die Beratung aussetzen.

Man möchte die Beratung aussetzen, und das lässt sich durch Zurückverweisung an den Rechtsausschuss bewerkstelligen.

d) Alles das durften Sie dem Hause nicht vorenthalten; denn das, was Sie als Bericht vorgelegt haben, ist keiner.

Das an die erste Aussage angeschlossene »denn« leitet eine Begründung ein. Sollte eine Begründung einleiten, tut es aber nicht. Es wäre richtig gewählt, wenn zum Beispiel folgte: denn das Parlament hat darüber zu entscheiden (etwa wie der Fall »Scharping« und seine Flugzeugbestellung). Eine solche Begründung folgt aber gar nicht, sondern vielmehr eine Erläuterung, inwiefern der Angesprochene etwas vorenthalten hat. Korrektur:

dd) Alles das durften Sie dem Hause nicht vorenthalten; was Sie als Bericht vorgelegt haben, ist keiner.

Er ist, so meint der Redner, so lückenhaft oder so oberflächlich, dass die Vorlage des Berichts einer Vorenthaltung entspricht.

e) Diese Amtsträger einer Partei haben schließlich die größte Erfahrung, denn der Vorstand kann auf ihre Mitwirkung gar nicht verzichten.

Ein bisschen danebengegriffen ist auch danebengegriffen.

Das besagt: Weil der Vorstand auf die Mitwirkung dieser Amtsträger nicht verzichten kann, haben sie die größte Erfahrung.

Also:

ee) Diese Amtsträger einer Partei haben schließlich die größte Erfahrung; deshalb kann der Vorstand auf ihre Mitwirkung gar nicht verzichten.

Eine Wortwinzigkeit kann einen Satz aus dem Gleichgewicht bringen, und eine Wortwinzigkeit kann es wieder herstellen.

f) Hier geht es keineswegs um die Förderung des Düngerverbrauchs. Viel wichtiger ist aber die Entlastung des Unkostenkontos.

Der Anschluss mit »Viel wichtiger« ist schwach; durch das nachgestellte »aber« wird er falsch.

100

ff) Hier geht es keineswegs um die Förderung des Düngerverbrauchs, sondern – viel wichtiger – um Kostensenkung.

Warum »Kosten« statt »Unkosten«? Für Fachleute sind auch
Unkosten nichts anderes als Kosten; »Unkosten« sagen die Laien.

g) Das entscheidet darüber, ob die wissenschaftlichen Hochschulen ihren Bildungsauftrag noch erfüllen können. Aber
unser ganzes Volk ist heute in seiner staatlichen Existenz
darauf angewiesen, dass die Hochschulen diesen Bildungsauftrag erfüllen.

Was soll in diesem Zusammenhang das »Aber«? Wo ist der
Gegensatz? Und etwas straffer dürfte die Aussage auch sein.

gg) Das entscheidet darüber, ob die Hochschulen ihren
Bildungsauftrag noch erfüllen können; und darauf ist unser ganzes Volk angewiesen.

Was sind Hochschulen anderes als wissenschaftliche Hochschulen? Was soll das bedeuten: unser ganzes Volk in seiner
staatlichen Existenz?

h) Das hängt davon ab, welche sachlichen Entscheidungen in
Bezug auf die Krankenhilfe man getroffen hat. Denn lassen
Sie mich etwas anderes sagen.

Fällt Ihnen ein, was das »Denn« hier bedeuten soll? Weil man
mich etwas anderes sagen lassen soll?

hh) Das hängt davon ab, welche sachlichen Entscheidungen in
Bezug auf die Krankenhilfe man getroffen hat. Lassen Sie
mich noch etwas anderes sagen.

Auch in dem folgenden Satz geht es um den Anschluss nach
dem Semikolon.

i) Sie sollten auch nicht ein grünes Licht dafür hinstellen; denn das tun Sie doch in Wirklichkeit.

Das »denn« ist einfach überflüssig; wer es ernst nimmt, weil er meint, es müsse Bedeutung haben, gerät ins Straucheln.

ii) Sie sollten auch nicht ein grünes Licht dafür hinstellen. Das tun Sie doch in Wirklichkeit.

Hier scheint mir ein Punkt besser zu sein als ein Semikolon, denn der Redner formuliert hier zwei sehr unterschiedliche Gedanken.

j) Es gibt hinsichtlich der Ansprüche der Bürger keine Grenzen, und die Grenzen müssen von uns gesetzt werden.

Überflüssig, das »und«; es verwirrt nur.

jj) Die Bürger kennen in ihren Ansprüchen keine Grenzen; die Grenzen müssen von uns gesetzt werden.

Die Bürger sind es doch, die grenzenlos Ansprüche stellen; die umständliche Formulierung »Es gibt hinsichtlich der Ansprüche der Bürger« verwischt das.

## 35 Wenn man nur wüsste …

**W**er seine Produkte erfolgreich verkaufen will, tut gut daran, Marktforschung zu betreiben. Wie ist die Einstellung der Verbraucher?

Viele Unternehmer und Anzeigenentwerfer wissen gar nicht, wie sie die Einstellung der Verbraucher erforschen.

Die Hauptsache ist aber doch, *dass* sie die Einstellung der Verbraucher erforschen. Oder wie oder was?

## 35 Wenn man nur wüsste ...

**N**och einmal: Was steht da? Nehmen Sie es bitte ganz genau.

> Viele Unternehmer und Anzeigenentwerfer wissen gar nicht, wie sie die Einstellung der Verbraucher erforschen.

Das heißt doch: Viele Unternehmer und Anzeigenentwerfer erforschen die Einstellung der Verbraucher, aber wie sie das machen, das wissen sie nicht. Sie tun etwas, aber: Sie wissen nicht, was sie tun ...

Ob sie das vielleicht in einer Art Trancezustand schaffen? Und hinterher können sie zwar nicht sagen, wie sie's gemacht haben, doch das Forschungsergebnis ist da.

So war es natürlich nicht gemeint. Gesagt werden sollte vielmehr:

> Viele Unternehmer und Anzeigenentwerfer wissen gar nicht, wie sie die Einstellung der Verbraucher erforschen können.

Statt »können« ist auch »sollen« denkbar. Es ist ihnen klar, dass sie die Einstellung der Verbraucher kennen müssen, um erfolgreich zu sein, aber sie haben keine Ahnung, wie sie an diese Kenntnisse herankommen können, wie sie es anstellen sollen, das notwendige Wissen zu beschaffen.

Art des Fehlers: **unzulässige Verkürzung**.

## 36 Schwierigkeiten beim Vergleichen

**D**a will ein Sportreporter eine schlichte Erkenntnis durch einen Vergleich aufwerten und kommt dabei zu folgender Aussage:

> Sportlicher Erfolg lässt sich nicht stabilisieren wie der Soldatenkönig Friedrich Wilhelm I. die Souveränität seines Staates in einem »Felsen von Bronze«.

Was wollte er schreiben, und was hat er geschrieben?

## 36 Schwierigkeiten beim Vergleichen

**E**s lohnt sich, den Satz mehrfach zu lesen, denn es gibt einiges zu entdecken.

> Sportlicher Erfolg lässt sich nicht stabilisieren wie der Soldatenkönig Friedrich Wilhelm I. die Souveränität seines Staates in einem »Felsen von Bronze«.

Wenn der Soldatenkönig Friedrich Wilhelm I. der Nachwelt die Souveränität seines Staates in einem »Felsen von Bronze« überliefert hat, hat er damit die Souveränität seines Staates in einem Kunstwerk stabilisiert? Nein, er hat sie für spätere Generationen sichtbar aufbewahrt, er hat sie konserviert. Und »konservieren«, das war wohl auch im Blick auf sportlichen Erfolg gemeint.

Es ging hier um Fußball. In einigen Testspielen vor einer Weltmeisterschaft hatte die deutsche Nationalmannschaft gute Leistungen geboten. Nun kam es für den Trainer darauf an, diese Leistungsfähigkeit bis zu den Titelkämpfen zu konservieren.

Von »stabilisieren« hätte die Rede sein können, wenn die Mannschaft vor der Weltmeisterschaft mal gute, mal mäßige Leistungen gezeigt hätte. Dann wäre die Aufgabe gewesen, die guten Leistungen zu stabilisieren – um unangenehme Ausrutscher zu vermeiden.

> Sportlicher Erfolg lässt sich nicht stabilisieren wie der Soldatenkönig Friedrich Wilhelm I. ...

Auf diese Weise werden wir Lesenden zunächst auf eine falsche Fährte geschickt. Vermutlich wird manch einer innehalten und sich fragen: »Wie war das, bitte?« Erst beim Weiterlesen wird klar: »Wie ich es erst einmal angenommen habe, so war es ja gar nicht gemeint.«

Vergleiche können grammatisch unterschiedlich gebaut werden. Erster Weg: Wir schließen mit »wie« einen Vergleichs-»Gegenstand« an *(Seid klug wie die Schlangen und ohne Falsch wie die Tauben!).* Zweiter Weg: Die Vergleichsformulierung wird zu einem vergleichenden Satz, einem Nebensatz ausgebaut (Sind Sie so vorgegangen, wie wir es Ihnen empfohlen haben?). In diesem Fall brauchen wir zwei Satzgegenstände und zwei Satzaussagen, je ein Subjekt und ein Prädikat im Hauptsatz und im Nebensatz.

In unserem Beispielsatz fehlt das zweite Prädikat. Wie hätte der Satz richtig lauten können?

> Sportlicher Erfolg lässt sich nicht haltbar machen, wie der Soldatenkönig Friedrich Wilhelm I. die Souveränität seines Staates in einem »Felsen von Bronze« konserviert hat.

Oder:

> Sportlicher Erfolg lässt sich nicht konservieren, wie es der Soldatenkönig Friedrich Wilhelm I. mit der Souveränität seines Staates in einem »Felsen von Bronze« gemacht hat.

Achten Sie einmal darauf: Oft verheddert man sich, wenn man etwas ganz Besonderes zu bieten versucht.

## 37 Den richtigen Platz finden!

**W**enn wir ein falsches Wort erwischen, kann das für Verwirrung sorgen. So geschehen zum Beispiel in diesem Fall:

> Wir bitten Sie um Bestätigung, dass bei Übernahme der beiden Beträge von 8.000,– Euro zuzüglich 1.584,– Euro keine weiteren Ansprüche von Ihnen mehr geltend gemacht werden.

Wie viel will die Versicherungsgesellschaft also zahlen?

Manchmal wählen wir zwar das richtige Wort, setzen es aber an die falsche Stelle.

a) Wir müssen Sie deshalb bitten, diese Forderung des Kunden leider abzulehnen.

b) Ihrer Rückantwort sehen wir baldmöglichst mit Interesse entgegen.

c) Weitere fachliche Informationen erhalten Sie gerne durch unsere Bezirksdirektion.

d) Wir bitten rechtzeitig um Ihre Entscheidung.

Bitte klären Sie diese Fälle! Rücken Sie zurecht, was an den falschen Platz geraten ist.

# 37 Den richtigen Platz finden!

Es macht einen erheblichen Unterschied aus, ob man von einer Versicherungsgesellschaft 17.584 Euro oder nur 9.584 Euro bekommt. Und was besagt der fragwürdige Satz?

> Wir bitten Sie um Bestätigung, dass bei Übernahme der beiden Beträge von 8.000,– Euro zuzüglich 1.584,– Euro keine weiteren Ansprüche von Ihnen mehr geltend gemacht werden.

Er besagt, dass der Anspruchsteller 17.584 Euro erhalten soll. Gemeint war jedoch, dass man bereit sei, 9.584 Euro zu zahlen. Wodurch entstand die Fehleinschätzung oder zumindest Unsicherheit? Durch das falsch gewählte »zuzüglich«. Gemeint war ein schlichtes »und«.

Nebenbei: Die Andeutung von Centbeträgen, wo es keine gibt, ist überflüssig; wenn man sie aber andeuten will, dann geschieht das der DIN-5008-Norm entsprechend durch »,00«. – Warum hier die umständliche Passivform: »von Ihnen geltend gemacht werden«? Besser so:

> Wir bitten Sie, uns zu bestätigen, dass Sie bei Übernahme der beiden Beträge von 8.000 Euro und 1.584 Euro keine weiteren Ansprüche stellen.

Nun zu den Platzfehlern!

a) Wir müssen Sie deshalb bitten, diese Forderung des Kunden leider abzulehnen.

Wem tut hier etwas Leid? Dem Schreiber. Es tut ihm Leid, dass er den Korrespondenzpartner in seiner Filiale bitten muss, die Forderung des Kunden abzulehnen; denn der wird das wahrscheinlich nicht gern tun.

aa) Wir müssen Sie deshalb leider bitten, diese Forderung des Kunden abzulehnen.

»Rückantwort« ist in dem folgenden Satz das falsche Wort (das wäre die Antwort auf eine Antwort). Und »baldmöglichst« ist ein Papierausdruck (man findet ihn fast nur auf dem Papier).

b) Ihrer Rückantwort sehen wir baldmöglichst mit Interesse entgegen.

Was soll »baldmöglichst« sein, das Entgegensehen oder die Antwort?

bb) Ihrer schnellen Antwort sehen wir mit Interesse entgegen.

Ist »gern« oder »gerne« richtig? Beides. Aber ...

c) Weitere fachliche Informationen erhalten Sie gerne durch unsere Bezirksdirektion.

Ob der Interessent weitere fachliche Informationen gern erhält, kann der Schreiber nicht wissen. Vielleicht denkt der: »Bloß nicht noch mehr Papierkram!« Der Schreiber weiß nur dies:

cc) Weitere fachliche Informationen gibt Ihnen gern unsere Bezirksdirektion.

Gelegentlich kann das richtige Wort an der falschen Stelle zu unangenehmen Missverständnissen führen.

d) Wir bitten rechtzeitig um Ihre Entscheidung.

Ob das wohl gemeint war: dass man betont, rechtzeitig um die Entscheidung des anderen gebeten zu haben? Nein. Gemeint war:

dd) Wir bitten Sie um Ihre rechtzeitige Entscheidung.

Und wenn das so ist, empfiehlt es sich, es auch unmissverständlich so zu schreiben.

## 38 Immer oder nicht immer?

**B**esonders wichtig wird genaues Formulieren, wenn es um Rechtsfragen und wenn es um Geld geht.

Ein Mitarbeiter eines großen Unternehmens hatte mehrere Jahre im Ausland bei einer anderen Firma verbracht, aber – im Auftrag seiner deutschen Firma. Sein »Stammhaus« stockte bei dem Eintritt in den Ruhestand die staatliche Rente durch eine Firmenrente auf, die sich natürlich unter anderem nach der Länge der Unternehmenszugehörigkeit errechnete. Unser Mitarbeiter wollte, was seine Auslandstätigkeit betraf, Klarheit haben und fragte deshalb bei der Personalabteilung an, ob seine Arbeitsjahre im Ausland bei seiner Firmenrente berücksichtigt würden. Die Antwort:

> Diese Dienstzeiten sind grundsätzlich auf die Gesamtdienstzeit anrechenbar.

War das eine zufrieden stellende Auskunft?

## 38 Immer oder nicht immer?

**N**och einmal: Sie wollen wissen, wie viel Geld Ihnen im Ruhestand zur Verfügung stehen wird. Daraus ergibt sich die Frage, ob bestimmte Dienstzeiten angerechnet werden. Auskunft:

> Diese Dienstzeiten sind grundsätzlich auf die Gesamtdienstzeit anrechenbar.

Die Umstandsbestimmung »grundsätzlich« wirkt zwar beruhigend, aber nur beim ersten Lesen. Denken wir nämlich darüber nach, stellt sich Unsicherheit ein.

In einer Rundfunksendung erfuhr die verwunderte Öffentlichkeit einmal Beunruhigendes über Prügelstrafen in einem Internat. Die Sache kam vors Gericht, und in dessen Urteil hieß es, dass Internatszöglinge prinzipiell nicht geprügelt werden dürften. Obwohl dieses »prinzipiell« noch etwas grundsätzlicher als »grundsätzlich« klingt – es stellte sich heraus, dass gemeint sei: Es könne natürlich Ausnahmen geben. Ach so …

Also: Die angenehmen Ausdrücke »grundsätzlich« und »prinzipiell« sind zweideutig. Sie können »immer«, aber auch »fast immer« bedeuten. Ausnahmen sind möglich.

Zu derart fragwürdigen Wörtern gehört auch »praktisch«. Da heißt es: »Dieses Gerät verlangt praktisch keinerlei Wartung.« Wer diese Aussage mit »wartungsfrei« verwechselt, kann unangenehme Überraschungen erleben. Korrekt wäre »nahezu wartungsfrei« und ein Hinweis, in welchen Fällen und in welcher Richtung auf jeden Fall eingegriffen werden müsse.

Zurück zu unserem Satz, mit dem der Empfänger nicht zufrieden war.

Ihm wurde nämlich klar, dass er es selbst dann mit einer »wackligen Kiste« zu tun habe, wenn mit »grundsätzlich« so viel wie »immer« oder »ausnahmslos« gemeint sein sollte. Denn – »anrechenbar« ist nicht gleichbedeutend mit »werden angerechnet«. Was heißt zum Beispiel »Das Produkt X ist für diesen Zweck genauso verwendbar wie das Produkt Y«? Es heißt, dass X und Y für diesen Zweck verwendet werden *können.*

Wie steht es also um »anrechenbar«? Es bedeutet: Diese Dienstzeiten *können* angerechnet werden.

Auf die telefonische Anfrage, ob diese Dienstzeiten denn nun angerechnet würden oder nicht, bekam er die Auskunft: »Ja, selbstverständlich werden sie angerechnet; das haben wir Ihnen doch geschrieben.«

Das hatten sie natürlich nicht geschrieben, aber offenbar gemeint. Wie einfach wäre doch folgende richtige Information gewesen:

> Diese Dienstzeiten werden auf die Gesamtdienstzeit angerechnet.

Es ist nicht bekannt, ob der Mitarbeiter diese Zusage auch schriftlich verlangt hat. Man kann ja nie wissen ...

(Das Beispiel stammt aus dem Buch »Die Kunst des Textens«, Wirtschaftsverlag Langen Müller / Herbig, 2000.)

## 39 Hält doppelt genäht besser?

»**H**abe ich Ihnen das nicht bereits schon mitgeteilt?« Wenn uns jemand so fragt, merken wir sofort, dass der Satz eine Doppelaussage enthält: bereits schon. Obwohl das so offensichtlich ist, hören wir in allen möglichen Fernsehsendungen genau dies: bereits schon. In schriftlichen Texten seltener, wohl deshalb, weil es dort stärker auffällt.

Das Wort »schon« wiederholt, was das Wort »bereits« schon gesagt hat. Will man das? Nein. Es geschieht unbeabsichtigt. Und genau da liegt der Fehler. Denn Wiederholungen sind in vielen Fällen keineswegs fehlerhaft; oft sind sie gewollt. Napoleon soll gesagt haben, die Wiederholung sei die einzige ernsthafte Stilfigur. Das mag richtig sein, wenn man seinen Soldaten einbläuen muss, dass es ehrenhaft sei, fürs Vaterland zu sterben. Doch davon abgesehen: In den folgenden Sätzen sind die Wiederholungen durchaus sinnvoll:

a) Wir haben wieder und wieder darauf hingewiesen.
b) Solche Ereignisse gibt es in Hülle und Fülle.

c) Er hat uns vor vollendete Tatsachen gestellt.
d) Das hat sie mit ihren eigenen Augen gesehen.

Zu a: Die Wendung »wieder und wieder« ist eine willkommene Variante zu »immer wieder«, und sie wirkt stärker.

Zu b: Das ist eine feststehende Redewendung; »in Hülle und Fülle« lässt sich kaum noch trennen.

Zu c: »Er hat uns vor vollendete Tatsachen gestellt«: Auch hier eine feststehende Wendung, deren Auflösung uns komisch vorkäme.

Zu d: »Das hat sie mit ihren Augen gesehen.« Diese Aussage wäre abwegig; jeder würde fragen: »Mit was soll sie es denn sonst gesehen haben?« Nur die Verstärkung durch »eigenen« macht die Formulierung möglich. Sinnvoll wäre dagegen schlicht: Das hat sie gesehen. Allerdings wäre jede Betonung futsch.

Sie erkennen, diese Fälle sind anders zu bewerten als das eingangs erwähnte »bereits schon«.

In vielen Fällen haben wir es mit Teilwiederholungen zu tun, zum Beispiel:

weißer Schimmel

Ein »schon« würde ein »bereits« ersetzen, das Adjektiv »weißer« aber nicht das Substantiv »Schimmel«. Aber »weißer« sagt etwas, das in »Schimmel« schon enthalten ist, eben das Farbmerkmal »weiß«.

Ferner haben wir es oft, sogar sehr oft, mit Wortmischungen zu tun.

abkopieren – ablichten, kopieren
anbelangt – anlangt, angeht, betrifft
beistimmen – beipflichten, zustimmen

112

Fast ausnahmslos lesen und hören wir: widerspiegeln. (Manchmal ist das »wider« mit »ie« geschrieben!) Nur bei guten Schreibenden finden wir »spiegeln«; in »spiegeln« ist das »wider« aus »Widerschein« schon enthalten.

Wer unbeabsichtigte Doppelaussagen und Mischformen vermeidet ... wenigstens weitgehend vermeidet, formuliert »schlanker« und spart Zeit beim Schreiben und Lesen. Und was die stilistische Seite betrifft: Die Texte wirken straffer, bestimmter, überzeugender.

Bitte verwandeln Sie die folgenden Doppelaussagen und Mischformen nach dem Muster

ableugnen          abstreiten, leugnen

in die zugrunde liegenden einfachen Formen:

andauernd, aufoktroyieren, Eigeniniative, mit einbeziehen, mit einschließen, sich entscheiden zu, sich entschließen für, hinzuaddieren, Mithilfe, Rückerinnerung, unsere gegenseitige Übereinkunft, übersenden, meistbietend versteigern, Vorankündigung, Vorbedingung, vorprogrammieren, wieder zurücksenden, zeitliche Verzögerung, zum jetzigen Zeitpunkt, zumindestens, zusammenaddieren, zusammenkoppeln

Und berichtigen Sie bitte in diesem Sinne auch die folgenden Sätze:

Wir haben die Erlaubnis, die Bücher verkaufen zu dürfen.
Er hat die Fähigkeit, das alles behalten zu können.
Ich finde es für richtig, dem zuzustimmen.
Er ist imstande, auch das noch falsch machen zu können.
Sie ist in der günstigen Lage, das ablehnen zu können.
Laut seiner Aussage soll sie angeblich zugestimmt haben.
Die überwiegende Mehrheit hat dazu keine Meinung.
Er hat die Möglichkeit, das sofort umsetzen zu können.

# 39 Hält doppelt genäht besser?

**H**ier die Aufgabenlösungen:

| | |
|---|---|
| andauernd | anhaltend, dauernd |
| aufoktroyieren | aufdrängen, aufzwingen; oktroyieren |
| Eigeninitiative | Initiative |
| mit einbeziehen | einbeziehen; mit berücksichtigen, mit einfügen |
| mit einschließen | einschließen; mit hereinnehmen |
| sich entscheiden zu | sich entschließen zu |
| sich entschließen für | sich entscheiden für |
| Mithilfe | Mitwirkung, Hilfe |
| Rückerinnerung | Rückbesinnung, Erinnerung |
| unsere gegenseitige Übereinkunft | unsere Übereinkunft |
| übersenden | übermitteln, senden |
| meistbietend versteigern | meistbietend veräußern, versteigern |
| Vorankündigung* | Vorhersage, Ankündigung |
| Vorbedingung* | Bedingung |
| vorprogrammieren | vorher festlegen, programmieren |
| wieder zurücksenden* | wieder zusenden, zurücksenden |
| zeitliche Verzögerung | Verzögerung |
| zum jetzigen Zeitpunkt | jetzt; zu dieser Zeit |
| zumindestens | zumindest, mindestens |
| zusammenaddieren | zusammenzählen, addieren |
| zusammenkoppeln | zusammenfügen, koppeln |

\* Diese Wortmischungen sind nicht grundsätzlich falsch; aber sie haben einen anderen Sinn – einen Sinn, der in der Regel von den Benutzern nicht gemeint ist.

Nun zu den Sätzen:

Wir haben die Erlaubnis, die Bücher zu verkaufen.
Wir dürfen die Bücher verkaufen.

Er hat die Fähigkeit, das alles zu behalten.
Er kann das alles behalten.

Ich finde es richtig, dem zuzustimmen.
Ich halte es für richtig, dem zuzustimmen.

Er ist imstande, auch das noch falsch zu machen.
Er kann auch das noch falsch machen.

Laut seiner Aussage hat sie zugestimmt.
Angeblich hat sie zugestimmt.
Sie soll zugestimmt haben.

Die überwältigende Mehrheit hat dazu keine Meinung.
Eine breite Mehrheit hat dazu keine Meinung.

Er hat die Möglichkeit, das sofort umzusetzen.
Er kann das sofort umsetzen.

Es wird wahrscheinlich keinem von uns gelingen, solche
Doppelausdrücke und Mischformen immer zu vermeiden – sie
sind so zahlreich und so sicher eingebürgert; aber schon, wenn
wir sie meistens vermeiden, verbessern wir unsere Texte und
zeigen, im Gegensatz zur Masse der Schreibenden, dass wir
das, was wir zu Papier gebracht, auch gedacht haben.

## 40 Es lässt sich belegen

**D**er Euro wurde zum Teuro, jedenfalls nach Meinung vieler Verbraucher und Politiker. Der Handel wollte den schwarzen Peter, der ihm zugedacht war, nicht annehmen.

**Handel lehnt Schwarzen Peter ab**

Aus dem Text:

> Aber »von einer generellen Verteuerung im gesamten Einzelhandel zu sprechen lässt sich jedenfalls durch unsere Untersuchungen nicht belegen«, stellte Müller fest.

Natürlich hat sich die Tageszeitung, aus der das Beispiel stammt, längst für die neue Rechtschreibung entschieden. Empfehlung: Auch als ständiger Anwender tut man gut daran, bestimmte Fälle zu überprüfen. Es wird zwar nach wie vor »der Schwarze Freitag« geschrieben, aber der ehemalige »Schwarze Peter« hat sein großes »S« verloren. Also: der schwarze Peter.

## 40 Es lässt sich belegen

**W**as lässt sich nicht belegen, wie da keck behauptet wird?

> Aber »von einer generellen Verteuerung im gesamten Einzelhandel zu sprechen lässt sich jedenfalls durch unsere Untersuchungen nicht belegen«, stellte Müller fest.

Müssen wir da nicht heftig widersprechen, vielleicht sogar in mehrfacher Hinsicht?

Erstens: Viele Verbraucherinnen und Verbraucher meinen, dass Frau Müllers Feststellung nicht stimmt. Da Frau Müller jedoch sehr vorsichtig von einer Verteuerung im gesamten Einzelhandel gesprochen hat, mag Sie ja Recht haben. Ich kann es nicht überprüfen, nicht belegen, nicht entscheiden.

Zweitens: Was sich aber gewiss belegen lässt: das Davon-Sprechen. Überall wird davon gesprochen.

Drittens: Was sich auch belegen lässt: dass die Verbraucherinnen und Verbraucher nicht von einer generellen Verteuerung im gesamten Einzelhandel sprechen, sondern davon, dass ihnen häufig Verteuerungen im Einzelhandel auffallen.

Viertens: Was sich ebenfalls belegen lässt: dass etwas anderes gemeint als geschrieben wurde. Gemeint war, viel einfacher, als der Satz es ahnen lässt:

Aber eine generelle Verteuerung im gesamten Einzelhandel lässt sich jedenfalls durch unsere Untersuchungen nicht belegen.

Offenbar sind hier zwei Gedanken in eine fehlerhafte Verschränkung geraten. Gesagt werden sollte wohl:

dass viele Leute von einer generellen Verteuerung im gesamten Einzelhandel sprechen,

und:

dass sich diese Behauptung »durch unsere Untersuchungen« nicht belegen lässt.

So etwas kann einem leicht passieren, wenn man zu viel auf einmal ausdrücken will.

## 41 Am seidenen Faden

**W**enn wir beim Lesen eines Textes nicht nur, im Schnellgang, nach dem gemeinten Sinn suchen, sondern versuchen, die Sätze so zu denken, wie sie da stehen, dann können uns die Formulierungen des Öfteren Gedanken liefern, die von den Schreibenden gar nicht gedacht worden sind.

Allerdings wissen wir das nicht genau. Erinnert sei an »19 Ein schöner Satz«.

Hier nun ein weiterer Fall, der beim Nach-Denken eine Nebenaussage zutage fördert, die unbeabsichtigt, aber auch beabsichtigt sein kann.

> Das alles – nicht etwa die Schwerfälligkeit oder der fehlende Wille der Industrie – war ausschlaggebend.

Vorher wurde aufgezählt, was alles zu dem geschilderten Ergebnis geführt hat, was dafür ausschlaggebend war. Nicht gesagt werden sollte, höchst wahrscheinlich: dass Schwerfälligkeit oder fehlender Wille der Industrie ausschlaggebend gewesen wäre.

Aber ...?

## 41 Am seidenen Faden

**A**uch kleine Wörter sind von Bedeutung; ihre Benutzung oder Nichtbenutzung kann einen großen Unterschied ausmachen.

> Das alles – nicht etwa die Schwerfälligkeit oder der fehlende Wille der Industrie – war ausschlaggebend.

Denken Sie bitte, wenn Sie es nicht schon getan haben, über die hier gebrauchten Artikel »die« und »der« nach. Was sagen sie aus?

Der Anfang einer Erzählung: »Ernst hatte einen Hund namens Paula. Als der junge Mann einmal verreist war, wollte der Hund nicht mehr fressen.«

Zuerst wird ein Tier vorgestellt: ein Hund mit dem Namen Paula. Von da an wissen wir von ihm, und so wird aus dem unbestimmten Artikel (einen) der passende bestimmte Artikel (der). Wir haben »den Hund«, um den es geht, ja schon kennen gelernt. Es gibt ihn, er hat ein bestimmtes Verhalten gezeigt, und wir sind gespannt, wie's weitergeht.

Zurück zu unserem Problemsatz!

Das alles ... war ausschlaggebend.

Es geht um Bestimmtes, was vorher aufgezählt und vielleicht erklärt und kommentiert worden ist. Und weiter:

... – nicht etwa die Schwerfälligkeit oder der fehlende Wille der Industrie – ...

Hier werden *die* Schwerfälligkeit und *der* fehlende Wille der Industrie angeführt. Also, es gibt diese beiden Sachverhalte, und es wird betont, dass sie für etwas – etwas Unangenehmes sicher – nicht verantwortlich gewesen seien.

Einerseits: Das mag ja stimmen, mag keine vorausschauende Schutzbehauptung sein. Aber andererseits: Damit wird auch ausgedrückt, dass sie vorhanden sind, die Schwerfälligkeit und der fehlende Wille der Industrie, irgendetwas Beschriebenes in Gang zu setzen oder zu akzeptieren oder zu unterstützen – was auch immer.

Anders gesagt: Die Industrie ist schwerfällig, und es fehlt ihr – in dem besagten Zusammenhang – der gute Wille. Aber: Diese Faktoren haben gar keine Rolle gespielt, denn anderes – alles andere – war ausschlaggebend.

Wie hätte sich das, was vermutlich gemeint war, zweifelsfrei ausdrücken lassen? Durch eine winzige Veränderung:

> Das alles – nicht etwa Schwerfälligkeit oder fehlender Wille der Industrie – war ausschlaggebend.

Eine Schwerfälligkeit oder ein fehlender Wille mag ja von dieser oder jener Seite der Industrie unterstellt worden sein, aber beides hat es nicht gegeben.

Das Beispiel zeigt, wie schwer es manchmal sein kann, sich so auszudrücken, dass Äußerungsabsicht und mündlich oder schriftlich fixierter Gedanke übereinstimmen. Oft ist leider das Gemeinte im Kopf dessen, der spricht oder schreibt, durchaus klar, aber die Übertragung aus einer Art Rohbau im Kopf in einen Satz – die Kodierung – misslingt. Und gerade weil der Sprechende oder Schreibende nur *ein* bestimmtes Aussageziel im Sinn hat, merkt er nicht, dass die Formulierung diesem Sinn ganz oder stellenweise nicht entspricht. In Wirtschafts-, Rechts- und Politikfragen hat dieser Sachverhalt schon des Öfteren zu bösen Missverständnissen und schlimmen Verwicklungen geführt.

## 42 Ein wirres Kunterbunt

**M**anch eine Bewerberin und manch ein Bewerber versucht es auf gut Glück, in irgendeinem Unternehmen Fuß zu fassen. Mancher Personalexperte versucht auf gut Glück, dergleichen sinnvoll zu beschreiben. Zum Beispiel:

Der Bewerbungseingang war ein wirres Kunterbunt von Vertriebsleuten, die sich durch die bombastischen Versprechungen irgend »angemutet« fühlten und auf gut Glück ihr Glück versuchen wollten.

Den Satz genauso zu denken, wie er da steht, das dürfte schwierig werden. Und wie kommt das?

## 42 Ein wirres Kunterbunt

**N**atürlich haben Sie schnell erkannt, was der Autor ausdrücken wollte. Aber haben Sie auch erkannt ... genau wahrgenommen, was er da geschrieben hat?

Der Bewerbungseingang war ein wirres Kunterbunt von Vertriebsleuten, die sich durch die bombastischen Versprechungen irgend »angemutet« fühlten und auf gut Glück ihr Glück versuchen wollten.

Das bedeutet:

Bewerbungseingang = wirres Kunterbunt von Vertriebsleuten

Wie können Bewerbungen ein wirres Kunterbunt von Vertriebsleuten sein? Bewerbungen sind doch keine Vertriebsleute, sondern schriftliche Äußerungen von Vertriebsleuten. Damit nicht genug! Der Experte macht den *Eingang* von Bewerbungen, also den Posteingang, zu einem wirren Kunterbunt von Vertriebsleuten. Das übersteigt nun endgültig die Vorstellungskraft.

die sich durch die bombastischen Versprechungen irgend »angemutet« fühlten und auf gut Glück ihr Glück versuchen wollten.

Haben Sie sich schon einmal angemutet gefühlt? Was heißt »anmuten«? Im Rechtschreibduden finden wir: »es mutet mich komisch an«. Das könnte ich gut gebrauchen, wenn ich ausdrücken wollte, wie der Personalexperten-Satz auf mich wirkt. Dass ich durch diesen Satz *angemutet werde,* das kann ich dagegen nicht sagen. Richard Pekruns »Das deutsche Wort«: »sinnliches Wohlgefallen erwecken« (intransitiv) und »zumuten, ansinnen, etwas von jemand verlangen« (transitiv). Also auch dort ist nichts Passendes zu holen.

Wie ich es auch wende, die Sache mit dem »sich angemutet fühlen« funktioniert nicht. Es mutet mich an, dass dieses ins Passiv transportierte Verb so nicht gebraucht werden kann, dass es keinen Sinn macht.

Irgendwie mag der Autor das ja auch selbst gespürt haben, und er hat seine Ausdrucksschöpfung daher mit Anführungszeichen umgeben. Aber weil er es nur »irgend« gespürt hat, ist ihm nicht der Einfall gekommen, es zu ersetzen.

Und was sollte mit dem ganzen Satz ausgedrückt werden?

Es hatte sich ein wirres Kunterbunt von Vertriebsleuten beworben, die sich durch die bombastischen Versprechungen irgendwie angesprochen fühlten.

Mir hätte allerdings auch die Wendung »hatte sich ... ein Kunterbunt ... beworben« nicht gefallen. Fällt Ihnen etwas Besseres ein? Zur Anregung:

Die übertriebenen Versprechungen hatten viele Vertriebsleute aus den verschiedensten Bereichen angelockt.

Aber ich bin sicher: Ein so einfacher Satz wäre unserem Autor viel *zu* einfach gewesen.

## 43 Titelmoden

Eins unserer vielen Dudenbücher ist zweifach vorhanden: weil es so häufig benutzt wird, von dieser oder von jenem, und deshalb auch in zwei Stockwerken greifbar sein muss. Es heißt:

Deutsches
Universal
Wörterbuch
A–Z

Wenn Sie in diesem wirklich sehr guten Wörterbuch die Zusammensetzung von »universal« und »Wörterbuch« suchen, dann suchen Sie allerdings vergeblich. Wir finden dagegen:

Universalbildung
Universalerbe
Universalgenie
Universalgeschichte

Wie wäre die Hauptwortverbindung von »universal« und »Wörterbuch« demnach bei gebotener Beachtung der Regeln geschrieben worden?

## 43 Titelmoden

Das 1816-Seiten-Buch »Deutsches Universal Wörterbuch A–Z« teilt seine Buchdeckel-Schreibweise mit zahlreichen anderen Buchdeckel-Schreibweisen.

| Sport | DATEN | BÖRSEN | DAS FISCHER | KÖRPER |
|---|---|---|---|---|
| Massage | REPORT | LEXIKON | HOCHSCHUL | ARBEIT |
| FÜR Aktive | | | Lexikon | |

123

Die Auflistung lässt sich lange fortsetzen. Aber auch eine Gegenliste ist lang. Ein paar Beispiele:

| Der Pausen-Gourmet | Die Metaphern-Maschine | Das Quantenuniversum | DIE BYTE-GESELLSCHAFT |
|---|---|---|---|

Natürlich ist die Rechtschreibung in der ersten Gruppe falsch, in der zweiten richtig.

Aber: Würden Sie annehmen, ausgerechnet bei der Gestaltung eines Dudenlexikons seien Fachleute mit schwachen Rechtschreibkenntnissen am Werk gewesen? Gewiss nicht. Wie lässt sich der Fehler denn dann erklären?

Sehr einfach! Irgendwelche Werbestrategen haben sich gegenüber den Rechtschreibkennern durchgesetzt. Ein normaler oder sogar schon ein ganz kleiner Bindestrich hätte sie gestört. Und redegewandt, wie sie zu sein pflegen, haben sie »bewiesen«, dass die Schreibweise ohne Bindestrich viel besser aussehe, eine ungemein größere optische Wirkung habe.

Das ist zwar nicht einzusehen, zumal viele Lesende nicht ein richtiger Bindestrich, sondern der Rechtschreibfehler stört! Aber ... Sie wissen schon.
Ich weiß jedenfalls aus Erfahrung: Wenn gewisse Werbeleute ins Sprachgeschehen eingreifen, wird es gefährlich. Ich habe ihnen in meiner früheren Texterpraxis immer viel ... nein, sehr viel Spielraum gelassen, mich aber nie ihrem Gerede gebeugt, wenn es um Eingriffe in die sprachliche Darstellung ging.

Nun zum Trost: Auf der inneren Titelseite haben die Dudenfachleute den Titel natürlich so geschrieben:

Deutsches
Universalwörterbuch

Das mag uns mit der Schreibweise auf dem Buchdeckel ein wenig versöhnen.

## 44 ... und doch ...

**W**ussten Sie, dass mehr als ein Drittel aller Manager Probleme beim Formulieren von Geschäftsbriefen hat? Als ich dies kürzlich las, habe ich mich gefragt: Kann das denn stimmen? Was meinen Sie?

Beim Lesen der Hilfsangebote fiel mir ein Musterbrief auf, in dem das Thema die Ablehnung einer Bewerbung um die Position eines Personalchefs war.

Man schrieb ihm, wie gut er in der Beurteilung abgeschnitten habe. Der einzige Grund, weshalb man ihn dennoch nicht zu einem Vorstellungsgespräch eingeladen habe, sei der: Seine vielseitigen Erfahrungen habe er nicht in der Branche gemacht, um die es hier gehe.

Sehr verständlich unter diesen Umständen erscheint einer der Schlusssätze, in dem es heißt:

> Ich habe mir die Entscheidung nicht leicht gemacht, und doch ist es die richtige.

Oder *erscheint* diese Formulierung nur sehr verständlich, ist sie vielleicht nur scheinbar sehr verständlich? Wie ist in diesem Fall *Ihre* Entscheidung?

## 44 ... und doch ...

**W**enn sich jemand mit der Beurteilung Mühe gibt, es sich nicht leicht macht, also auch Zeit, kostbare Managerzeit, darauf verwendet, so darf sich ein Bewerber heute glücklich schätzen. Denn wie oft mögen Bewerbungen leichtfertig zurückgewiesen werden?! Hier ist also das geschehen, was sich Bewerberinnen und Bewerber nur innig wünschen können. Aber …

Ich habe mir die Entscheidung nicht leicht gemacht, und doch ist es die richtige.

Wie wäre es, wenn er es sich nicht so schwer gemacht hätte? Dann würden wir vermuten, dass er sich – eben leichtfertig – falsch entschieden haben könnte. Also:

Ich habe mir die Entscheidung leicht gemacht, und doch ist es die richtige.

Das wäre dann einfach eine Behauptung, eine überraschende Behauptung. Vor allem aber wäre das gegensätzliche »doch« sinnvoll. Etwa wie in dem Satz:

Ich habe mich auf die Englischarbeit fast gar nicht besonders vorbereitet, und doch habe ich eine gute Note erhalten.

Da würde man denken: Offenbar waren seine Englischkenntnisse so vorzüglich, dass sie auch dann noch reichen, wenn er bei der Vorbereitung einer Klassenarbeit einmal schludert. Und wie beurteilen Sie die folgende Aussage?

Ich habe mich auf die Englischarbeit sehr gut vorbereitet, und doch ist sie für mich schlecht ausgefallen.

Das ist auch gut vorstellbar, nicht wahr? Wem wäre Ähnliches nicht schon passiert?

Noch einmal zum Nach-Denken:

Ich habe mir die Entscheidung nicht leicht gemacht, und doch ist es die richtige.

Daraus ist zu schließen, dass dieser Manager in der Regel dann richtige Entscheidungen trifft, wenn er sich das Leben leicht macht. Aber ausnahmsweise hat er hier einmal einen Treffer gelandet, obwohl er es sich *nicht* leicht gemacht hat.

Wie wäre die Formulierung sinnvoll gewesen? Zum Beispiel so:

> Ich habe mir die Entscheidung nicht leicht gemacht, und deshalb – so nehme ich an – ist es die richtige.

Er hat »deshalb« gemeint, aber »doch« geschrieben.

## 45 Mit Goethe per du

Ein berühmter Schreiblehrer stellt die Aufgabe: Versuchen Sie zum Beispiel eine Umdichtung von Goethes »Über allen Wipfeln ist Ruh«. Warum dergleichen sinnvoll ist, sagt er in einem kurzen Vorspann. Der erste Satz:

> Die postmoderne Literaturwissenschaft kann zeigen, daß alle literarischen Texte nur ein Umschreiben schon bestehender Texte ist.

Klingt ein bisschen seltsam, nicht wahr? So ergeht es uns oft bei schnellem Lesen: Wir haben das Gefühl, dass da etwas nicht stimme. Meistens lesen wir einfach weiter. Keine Zeit! Außerdem gehen wir davon aus, dass wir auf jeden Fall verstanden hätten, was gesagt werden sollte.

Es lohnt sich, diese Alltagspraxis – so oft unumgänglich – hin und wieder zu durchbrechen. Sobald ein Satz in uns die Frage »*Wie* war das?« weckt, innehalten, noch einmal lesen, prüfen, ob dieser Eindruck nur die Folge eigener Unaufmerksamkeit und eigenen Missverstehens ist oder ob der Verfasser vielleicht geschludert hat – vor allem: falsch gedacht hat!

Wer wenigstens hin und wieder so vorgeht, entwickelt nach und nach ein nahezu untrügliches Gefühl für Schwachstellen. Das heißt, sie oder er kann sich darauf verlassen, dass an dem Gelesenen etwas nicht stimmt, wenn es bei erster schneller Aufnahme einen merkwürdigen Eindruck macht.

Zu unserem Profitext. Ihr Eindruck beim ersten Lesen? Ihre Erkenntnis beim zweiten, dritten oder vierten Lesen?

## 45 Mit Goethe per du

**D**ass wir als Schreibübung eben mal eins der berühmtesten Gedichte der Weltliteratur umarbeiten wollen, das ist schon ein kühner Vorschlag. Immerhin hat Karl Kraus über dieses Gedicht geschrieben:

> Daß über allen Gipfeln Ruh' ist, begreift jeder Deutsche und hat gleichwohl noch keiner erfaßt.

Aber wenn uns die postmoderne Literaturwissenschaft, indirekt, dazu ermuntert und ermutigt? Indem sie zeigen kann,

> daß alle literarischen Texte nur ein Umschreiben schon bestehender Texte ist. [?]

Der literarische Text tritt hier im Plural auf: alle literarischen Texte. Müsste es dann nicht am Ende »sind« heißen? Mag ja sein, dass Schreiblehrer von ein paar lästigen Grammatikregeln suspendiert worden sind oder sich selbst davon suspendiert haben ... wer weiß! Aber wenn sie Empfehlungen für Schreibanfänger geben, ob es da nicht zweckmäßig wäre, die gläubig zu ihren Lehrern Aufblickenden nicht gleich mit den Spezialregeln für Profis zu überfordern?

Also: Alle literarischen Texte *sind* etwas. Und was bitte? Sie sind: ein Umschreiben. Können Sie das denken? – Es geht nicht, geht wirklich nicht: dass Texte eine Tätigkeit, ein Umschreiben, sein sollen. Wie könnte man logisch ausdrücken, was ausgedrückt werden sollte?

… dass alle literarischen Texte Neufassungen schon bestehender Texte sind.

… dass alle literarischen Texte Umschriften schon bestehender Texte sind.

… dass alle literarischen Texte Nachdichtungen schon bestehender Texte sind.

… dass alle neuen literarischen Texte nachempfundene alte Texte sind.

Je nachdem, was wir betonen wollen, werden wir diese oder jene oder ganz andere Worte wählen.

Zu guter Letzt: Was dem Unternehmen des empfohlenen Nachdichtens die Krone aufsetzt, ist die Unbefangenheit des Schreiblehrers, Goethes Gedicht schon einmal in seinem Vorschlag ein wenig zu verändern. »Über allen Wipfeln ist Ruh« hat er geschrieben. Hat er wirklich. Und kein hilfreicher Lektor hat's gemerkt?

Dass von Goethes »Ruh'« der Apostroph unter den Schreiblehrertisch fiel … na ja, das nebenbei. (Nach neuer Rechtschreibung ist das richtig; da der Text des Autors aber in alter Rechtschreibung erscheint, ist es falsch; und weil es Zitat eines alten Textes, dazu eines Goethe-Textes ist, noch einmal: falsch!) Alles in allem: Diese Hilfe auf dem Weg zur Könnerschaft ist zwar kein Gipfel, wird aber wohl ein Wipfel »Kreativer Schreibpädagogik« sein.

## 46 Das »wenn« auf Abwegen

**D**ie Konjunktion »wenn« – sie ist immer Nebensatzeinleitung – hat zwei Gesichter: ein Zeitgesicht und ein Bedingungsgesicht.

a) Wenn das Weihnachtsgeschäft vorüber ist, kommen ein paar erholsame Tage.

Hier ist klar, es handelt sich um eine Zeitfrage.

b) Wenn ich das richtig beurteile, soll uns diese Maßnahme der Konkurrenz ausheben.

Auch hier ist die Sache klar: Gemeint ist »falls«. Es wird indirekt ausgedrückt, dass sich der Beurteiler auch irren kann.

c) Wenn wir diesen Mann entlassen, gerät die ganze Abteilung ins Wanken.

Auch dieser Satz lässt zunächst an »falls« denken. Falls wir das tun ... Aber es schwingt auch ein zeitliches Moment mit. Die Aussage könnte nämlich ebenso bedeuten: Wir haben vor, diesen Mann zu entlassen; sobald wir das aber tun, gerät die ganze Abteilung ins Wanken.

Also: Vorsicht beim Gebrauch von »wenn«! Die Aufgabe:

> Wenn ich bisher, was das Thema Pünktlichkeit betrifft, nachsichtig gewesen bin, so werde ich jetzt streng sein.

Was soll das Wenn in dieser Formulierung bedeuten? Ist es zeitlich gemeint – oder bedingend?

# 46 Das »wenn« auf Abwegen

Aus Günter Netzers »weisen Sprüchen« zur Fußball-Weltmeisterschaft 2002:

> Wenn du denkst, es geht nicht mehr,
> kommt von irgendwo 'ne Flanke her.

In diesem Fall, wie in unserem Pünktlichkeitsbeispiel, sind beide Auffassungen sinnvoll: »wenn« im Sinne von »sobald« und »wenn« in der Bedeutung von »falls«. Und wie ist es in unserem Aufgabenbeispiel?

> Wenn ich bisher, was das Thema Pünktlichkeit betrifft, nachsichtig gewesen bin, so werde ich jetzt streng sein.

In diesem Fall ist nun leider keine der beiden Deutungsmöglichkeiten sinnvoll. Falls ich bisher ... nachsichtig gewesen bin: Weiß der Schreiber nicht, was er gewesen ist? Das wird nicht anzunehmen sein. Sobald ich bisher ... Das ergibt überhaupt keinen Sinn. Was also mag gemeint sein?

Der Schreiber wollte offenbar sagen: Ich bin zwar bisher nachsichtig gewesen (deshalb kein »wenn«), aber man denke nicht, dass ich nicht auch streng sein kann; genau das werde ich nämlich in Zukunft sein. Als Dialog:

> »Ich werde jetzt, was das Thema Pünktlichkeit betrifft, streng sein.«

> »Aber Sie sind doch bisher immer nachsichtig gewesen!?«

> »Das stimmt, und ich ändere meine Haltung auch nicht gern. Aber die Umstände erfordern es.«

In Form der Verbesserung des Beispielsatzes:

Obwohl ich bisher, was das Thema Pünktlichkeit betrifft, nachsichtig gewesen bin, werde ich in Zukunft streng sein.

Der Vordersatz soll also keine Bedingung ausdrücken, er soll einen Gegengrund zu dem im Nachsatz angekündigten Verhalten nennen, einen Gegengrund, der allerdings nicht ausreicht, die Änderungsabsicht zu blockieren. Wenn auch etwas dagegen spricht – meine bisherige Nachsicht –: Trotzdem soll nun Strenge walten.

Und damit kommen wir dem Ursprung des falschen »wenn« auf die Spur. Der Gedanke mag anfangs gewesen sein: »Wenn ich auch (Wenngleich ich) bisher nachsichtig gewesen bin, so werde ich jetzt doch streng sein.« Man strich das »auch« oder »gleich« und machte dadurch aus einer – zwar nicht ausreichenden – Gegenbegründung eine Bedingung.

Wem die oben gewählte Korrektur mit »Obwohl ich« zu stark erscheinen mag, kann auch schreiben:

Während ich bisher, was das Thema Pünktlichkeit betrifft, nachsichtig gewesen bin, werde ich jetzt streng sein.

Die erste Fassung weist, wie gesagt, auf einen Gegengrund hin, der aber nicht ausreicht, das im Nachsatz Angekündigte zu verhindern; die zweite Fassung betont das gegensätzliche Verhalten in Vergangenheit und Zukunft.

Wenn wir also genau ausdrücken wollen, was wir meinen – und wer wollte das in der Regel nicht! –, so müssen wir berücksichtigen: Obwohl »wenn« über die Brücke »wenn auch«, »wenngleich«, »wennschon« verwandt ist, dürfen wir es nicht benutzen, wo wir einen nicht genügenden Gegengrund zu dem im Hauptsatz Gesagten vorbringen oder einen Gegensatz darstellen möchten. Während »wenn« eine Bedin-

132

gung einleitet, dienen »obwohl« (mit seinen Varianten) und »während« der Bezeichnung des Gegengrundes und des Gegensatzes.

Haben Sie gestockt, als Sie lasen: »Wenn wir also genau ausdrücken wollen, was wir meinen – und wer wollte das in der Regel nicht ...«? Was soll hier dieses »in der Regel«? Es ist eine aus Praxiserfahrungen gewonnene Einsicht, dass die Schreibenden manchmal wirklich nicht genau sagen wollen, was sie meinen. Entweder wollen sie etwas nur andeuten, es also nicht klar aussprechen, oder sie wollen etwas in der Schwebe lassen.

## 47 Wer die Wahl hat ...

**W**ir meinen A und schreiben B. Das passiert oft. Vor allem jenen, die nie darauf aufmerksam gemacht worden sind, die nie darüber nachgedacht haben.

Wie kommen solche Fehler zustande? Dadurch, dass wir – genau genommen – gar nicht denken, was wir schreiben.

Ein Gedanke entsteht in unserem Kopf. Wir wissen, in welche Richtung unser Denken gehen soll, aber zunächst haben wir nur eine Fülle von Wörtern, Wortzusammenhängen, manchmal mit Bild- und Tonvorstellungen gemischt. Erst wenn wir dieses Gemisch auszusprechen oder niederzuschreiben versuchen, schält sich das heraus, was wir einen Gedanken nennen. »Der Gedanke ist der sinnvolle Satz.« (Ludwig Wittgenstein)

Hier nun eine Reihe von Sätzen, bei denen die beabsichtigte Aussage verfehlt wird. Der beabsichtigte Gedanke und der geschriebene Satz stimmen nicht überein.

133

a) Zu dieser Festlichkeit hatte sich mit Absprache der Werksleitung ein Abteilungsausflug des Instrumentenbaus angemeldet.

b) Die Mitglieder unseres Vorstandes nehmen ständig ab.

c) Die Pressekarten für die Veranstaltung sind begrenzt.

d) Der Vertrag enthält auch über die Übergangszeit hinaus Bestimmungen.

e) Wir haben Ihnen ausdrücklich mitgeteilt, dass die Firma X diese Mehrmengen nur zu höheren Preisen liefern kann. An dieser Mitteilung hat sich bisher nichts geändert.

f) Wir haben Ihnen ausführlich geschrieben, dass Sie sich Mitte Januar mit uns in Verbindung setzen wollen wegen des Auftrags über die Tablettenverpackungen.

g) Eine mit Vitaminen »unterernährte« Haut ist oft gereizt.

h) Das Wartezimmer ist farblich überanstrengt.

i) Das Rettungswerk bei Hochspannungsunfällen kann für den Retter bei der kleinsten Unachtsamkeit den Tod bringen. Kann man die Leitung abschalten – nach Sicherung des Verletzten durch Absturz –, so ist dies am ungefährlichsten.

j) Alle Mitglieder verpflichten sich, das Sportabzeichen abzulegen.

k) Die Schäden werden sofort ausgezahlt.

l) Die Ausgaben haben sich im Verkauf A um 25 Prozent gesteigert, liegen also unter dem Verkauf B.

m) Es ist unsere Aufgabe, unser Straßennetz an die Nachbarländer anzugleichen.

n) Bereits aufgetretene organische Veränderungen kann man natürlich auch durch die Meditation nicht beeinflussen. Aber man kann verhindern, dass es gar nicht erst so weit kommt.

o) Eine fehlerhafte Übertragung wird automatisch bis zu viermal wiederholt. (Textverarbeitung)

p) Die unter Punkt 2 + 3 genannten Forderungen sind in Absprache mit uns durchzuführen.

q) Als neuen Termin möchten wir Ihnen den 22. September vorschlagen.

r) Herr Wagenbert bestreitet nach wie vor, dass er mit dem Lkw nicht über die Baustelle gefahren ist.

s) Geldstrafen werden bei der Lohnzahlung abgezogen.

t) Ziel und die immer während Aufgabe des Umweltschützers ist es, diesen Grundsatz sicherzustellen.

u) Die erfreuliche Unfallstatistik verpflichtet.

v) Die Ingenieurabteilung musste wesentlich erweitert werden. Im Folgenden soll der heutige Stand mit früheren Jahren verglichen werden.

w) Hier ist der gelungene Versuch unternommen worden.

x) Der Polizist war wieder rehabilitiert worden.

y) Eltern zahlen Lehrerin.

z) Wir haben die schwierige Aufgabe, unsere Korrespondenzabwicklung den Kundenfirmen anzugleichen.

# 47 Wer die Wahl hat ...

Abteilungsausflüge – früher allgemein üblich, inzwischen eher selten geworden – mögen eine feine Sache, eine angenehme Abwechslung im Arbeitsalltag sein; sie können manches bewirken, aber manches auch nicht.

a) Zu dieser Festlichkeit hatte sich mit Absprache der Werksleitung ein Abteilungsausflug des Instrumentenbaus angemeldet.

Wer hatte sich da angemeldet – ein Abteilungsausflug? Schlecht vorstellbar. Mit der Satzaussage »angemeldet« hat man den falschen Satzgegenstand erwischt. Außerdem sind zwei Redewendungen durcheinander geraten: »mit Genehmigung« oder »mit Zustimmung« und »nach Absprache«. Verbesserungsvorschlag:

aa) Zu diesem Fest hatte sich die Abteilung »Instrumentenbau«, nach Absprache mit der Werksleitung, im Rahmen eines Betriebsausflugs angemeldet.

Wir wissen, wie schwer es die meisten Menschen haben, ihr Gewicht zu verringern; nur wenigen gelingt es dauerhaft. Manager scheinen da eine Ausnahme zu bilden.

b) Die Mitglieder unseres Vorstandes nehmen ständig ab.

Wie schön für sie, nicht wahr? Aber war gemeint, was da steht? Vermutlich nicht. Was sollte wohl ausgedrückt werden? Dass der Vorstand immer kleiner wird: vielleicht, weil zu oft einer stirbt; vielleicht, weil immer mehr Vorstandsmitglieder den Eindruck haben, dass sie überflüssig sind; vielleicht, weil der Vorstand aus Rationalisierungsgründen verkleinert wird. Eine Formulierung für diese Möglichkeiten wäre:

bb)    Der Vorstand wird immer kleiner.

Bei der Gelegenheit: Wissen Sie, was ein Herr Aufsichtsrat ist? Oder ein Herr Betriebsrat? Oder: Was sind die Vorstände, die sich bei der Ablösung von Ron Sommer einigen mussten? Die Aufsichts- und die Betriebsräte sind eben solche Menschen, wie andere Leute Geheimrat sind! Oder? Wohl kaum. Eine Aktiengesellschaft hat einen Aufsichtsrat, einen Betriebsrat und einen Vorstand, und die Persönlichkeiten, die in diesen Gremien tätig sind, das sind keine Räte, sondern: Aufsichtsratsmitglieder, Betriebsratsmitglieder, Vorstandsmitglieder. – Aber: Die Wirtschaftswelt hat sich offenbar für die Aufsichtsräte, Betriebsräte und Vorstände auch als Personenbezeichnungen entschieden.

Zurück zu unserem ständig abnehmenden Vorstand. Die Formulierung bb wäre eine neutrale Ausdrucksweise. Natürlich wäre, wenn so der Fall, auch möglich: Immer mehr Vorstandsmitglieder treten zurück. Oder: Immer mehr Vorstandsmitglieder werden entlassen und nicht ersetzt.

c)    Die Pressekarten für die Veranstaltung sind begrenzt.

Das lässt sich denken, es ist sogar immer so: An allen vier Seiten; bei runden Karten finden wir sie rundherum begrenzt. Gemeint war natürlich:

cc) Die Anzahl der Pressekarten ist begrenzt.

Eigentlich müsste genauer gesagt werden: »eng begrenzt« oder »im üblichen Rahmen begrenzt«. Denn irgendwo begrenzt ist die Anzahl ja immer.

d)    Der Vertrag enthält auch über die Übergangzeit hinaus Bestimmungen.

Ganz sicher! Er wird sogar alle Bestimmungen auch dann noch enthalten, wenn die Übergangzeit abgelaufen ist, sogar dann noch, wenn der Vertrag längst nicht mehr gilt. Die schriftlich niedergelegten Vertragsbestimmungen bleiben, wo sie sind. Gemeint war etwas anderes, nämlich, dass der Vertrag Bestimmungen enthält, die auch für die Zeit nach der Übergangszeit gelten. Nicht ganz klar ist, ob diese Bestimmungen nur für die Zeit nach der Übergangszeit oder auch für die Übergangszeit gelten.

dd) Der Vertrag enthält Bestimmungen, die auch nach der Übergangszeit noch gelten.

Oder, obwohl unwahrscheinlicher: Der Vertrag enthält auch Bestimmungen, die nach der Übergangszeit gelten.

e) Wir haben Ihnen ausdrücklich mitgeteilt, dass die Firma X diese Mehrmengen nur zu höheren Preisen liefern kann. An dieser Mitteilung hat sich bisher nichts geändert.

Daran ist nicht zu rütteln. An der Information, die gegeben wurde, hat sich seitdem nichts geändert, und es wird sich auch nichts mehr daran ändern. Die Mitteilung bleibt, wie sie gegeben worden ist.

Aber was sollte eigentlich gesagt werden? Nur dies: dass die Firma X ihre Meinung – Lieferung nur zu höheren Preisen – nicht geändert hat. Korrekturvorschlag:

ee) Wir haben Ihnen ausdrücklich mitgeteilt, dass die Firma X diese Mehrmengen nur zu höheren Preisen liefern kann. An dieser Lieferbedingung hat sich bisher nichts geändert.

Oder, zweiter Satz: Der Inhalt dieser Mitteilung gilt nach wie vor. Oder: Der Lieferant hat seine Meinung bisher nicht geändert.

f) Wir haben Ihnen ausdrücklich geschrieben, dass Sie sich Mitte Januar mit uns in Verbindung setzen wollen wegen des Auftrags über die Tablettenverpackungen.

Schon immer hat es Leute gegeben, die andere gern nach ihrer Pfeife tanzen lassen, die ihnen sagen, was sie zu tun haben.

Aber dass sie nun schon, ohne dass es ihnen gesagt wird, wissen, was andere wollen, das ist neu. Wie machen die das bloß? Intuition? Fernhellsehen? Der Fernhellsehblick ins Unbewusste der Mitmenschen? Verbesserungsvorschlag, der das, was sicher gar nicht gemeint war, rauswirft:

ff)   Wir haben Sie ausdrücklich gebeten, sich Mitte Januar wegen des Auftrags »Tablettenverpackungen« mit uns in Verbindung zu setzen.

Oder: Wir haben Ihnen ausdrücklich geschrieben, warum es notwendig ist, dass Sie sich wegen des Auftrags »Tablettenverpackungen« Mitte Januar mit uns in Verbindung setzen.

g)   Eine mit Vitaminen »unterernährte« Haut ist oft gereizt.

Demnach gibt es Vitamine, mit denen man die Haut unterernähren kann. Selbst wenn es sie gäbe, warum sollte man sie zu diesem Zweck einsetzen? Verbesserung:

gg)   Eine infolge Vitaminmangels »unterernährte« Haut ist oft gereizt.

Dass Menschen überanstrengt sind, erleben wir alle Tage. Aber ...

h)   Das Wartezimmer ist farblich überanstrengt.

Können auch Wartezimmer überanstrengt sein? Oder hat sich hier jemand beim Formulieren überanstrengt? In Ordnung wäre:

hh)   Das Wartezimmer ist farblich überladen.

Warum ist »überladen« möglich, »überanstrengt« aber nicht? Man kann einen Lkw überladen und – im übertragenem Sinne – auch einen Raum. Dann geschieht etwas mit diesem Raum, eine Person tut etwas mit diesem Raum, bringt den Raum in einen ungünstig wirkenden Zustand. Überanstrengen kann man einen Raum dagegen nicht. Überanstrengen kann sich nur ein »Ding«, das sich überanstrengen lässt, indem es sich anstrengt und dabei zu sehr anstrengt. Als »Ding« kommt also nur ein Lebewesen infrage. Ein Reiter kann sich überanstrengen, er kann sein Pferd überanstrengen, ja, auch das Pferd selbst kann sich, aus Zuneigung zu seinem Reiter, überanstrengen, und es kann, indem es sich überanstrengt, auch wiederum seinen Reiter überanstrengen.

Zu diesem Fall noch eine Variante: Das Wartezimmer ist farblich allzu kontrastreich gestaltet.

i)  Das Rettungswerk bei Hochspannungsunfällen kann für den Retter bei der kleinsten Unachtsamkeit den Tod bringen. Kann man die Leitung abschalten – nach Sicherung des Verletzten durch Absturz –, so ist dies am ungefährlichsten.

Würden Sie sich gern durch Absturz sichern, also retten lassen? Und worauf bezieht sich »dies«: auf das Abschalten der Leitung?

ii) Das Rettungswerk bei Hochspannungsunfällen kann für den Retter bei der kleinsten Unachtsamkeit den Tod bringen. Am ungefährlichsten ist die Arbeit, wenn es gelingt – nach Sicherung des durch Absturz Verletzten –, die Leitung abzuschalten.

Dabei kommt einem allerdings der Gedanke: Warum soll man die Leitung eigentlich abschalten, nachdem der Abgestürzte schon gesichert ist? Kann man es nicht vor dem Sichern tun?

j)  Alle Mitglieder verpflichten sich, das Sportabzeichen abzulegen.

Sind denn alle sicher, dass sie das können? Muss nicht der eine oder andere davon ausgehen, dass er in irgendeiner Disziplin das Ziel verfehlt? Oder ist die Sache in dieser Mitgliedschaft vielleicht so geregelt, dass jeder, der's versucht, das Sportabzeichen auch bekommt, mithilfe eines kleinen Messfehlers womöglich, sozusagen als Lohn der Bemühung? Setzen wir einmal voraus, dass es dergleichen Schummelei in deutschen Vereinen nicht gibt. Dann wollte der Schreiber wohl dieses sagen:

jj) Alle Mitglieder verpflichten sich, an der Prüfung für das Sportabzeichen teilzunehmen.

Wer den Schaden hat, braucht bekanntlich für den Spott nicht zu sorgen. Der kann so aussehen:

k) Die Schäden werden sofort ausgezahlt.

Wie sehen ausgezahlte Schäden aus? Was macht man bloß mit ausgezahlten Schäden, wenn es denn so etwas geben sollte?

kk) Die Schadensummen werden sofort ausgezahlt.

So war's doch wohl gemeint: Nach Schadeneintritt keine lange Wartezeiten – prompte Zahlung.

l) Die Ausgaben haben sich im Verkauf A um 25 Prozent gesteigert, liegen also über dem Verkauf B.

Mit »Verkauf« ist natürlich die Abteilung gemeint. Aber können Sie sich vorstellen, dass die Abteilung A, sozusagen auf ihrem Dach, irgendwelche Ausgaben liegen hat? Hier wird gleichgesetzt, was gar nicht gleichgesetzt werden sollte. Also:

ll) Die Ausgaben haben sich im Verkauf A um 25 Prozent gesteigert, liegen also über denen des Verkaufs B.

So werden Ausgaben mit Ausgaben und Abteilung mit Abteilung verglichen.

m) Es ist unsere Aufgabe, unser Straßennetz an die Nachbarländer anzugleichen.

Hier geht es ähnlich zu wie in Text I: Unser Straßennetz soll an die Nachbarländer angeglichen werden. Sinnvoll? Nein. Auf der einen Seite steht ein Straßennetz zur Diskussion, auf der anderen Seite sind es ganze Länder. Das passt nicht zusammen.

mm) Es ist unsere Aufgabe, unser Straßennetz an das der Nachbarländer anzugleichen.

Nur so kommt ein sinnvoller Vergleich zustande.

n) Bereits aufgetretene organische Veränderungen kann man natürlich auch durch die Meditation nicht beeinflussen. Aber man kann verhindern, dass es gar nicht erst so weit kommt.

Hoffentlich hat der Schreiber mit seinem Verhinderungsglauben Recht. Aber natürlich will er nicht verhindern, *dass* es *nicht* erst so weit kommt, sondern, *dass* es so weit kommt.

nn) Bereits aufgetretene organische Veränderungen kann man natürlich auch durch die Meditation nicht beeinflussen. Aber man kann verhindern, dass es zu solchen Veränderungen kommt.

Der Fehler einer nicht gemeinten doppelten Verneinung passiert des Öfteren.

o) Eine fehlerhafte Übertragung wird automatisch bis zu viermal wiederholt. (Textverarbeitung)

Ist uns damit gedient? Nein. Das Textverarbeitungsgerät soll aus einer fehlerhaften eine richtige Übertragung machen.

142

oo) Es wird bis zu viermal automatisch versucht, eine fehlerhafte Übertragung zu berichtigen.

Technik ist schön, wenn sie funktioniert und – wenn wir Vernünftiges von ihr verlangen.

p) Die unter Punkt 2 + 3 genannten Forderungen sind in Absprache mit uns durchzuführen.

Und was haben wir davon, wenn unsere Forderungen mit uns durchgeführt werden? Eine Wiederholung unserer Forderungen. Und was wollen wir eigentlich?

pp) Die unter 2 und 3 genannten Forderungen sind in Absprache mit uns zu erfüllen.

Nebenbei: Das Pluszeichen ist hier fehlt am Platz; im Satz »und« besser ausschreiben.

q) Als neuen Termin möchten wir Ihnen den 22. September vorschlagen.

Möchten wir das nur vorschlagen, trauen uns aber vielleicht nicht? Oder schlagen wir diesen Tag vor? Sicher!

qq) Als neuen Termin schlagen wir Ihnen den 22. September vor.

Wenn in meiner Klasse jemand die typische Schülerfrage »Ich möchte mal was fragen?« stellte, pflegte mein Lateinlehrer zu sagen: »Wenn du nur fragen möchtest, dich aber nicht traust, dann überleg es dir noch einmal, und wenn du dich entschieden hast, dann frag mich einfach!«

Dieses »möchte(n)« begegnet uns an vielen Stellen: Wir möchten Sie zu unserem Betriebsausflug einladen. – Ich möchte mich deshalb bei Ihnen bewerben. – Wir möchten Sie bitten, uns schnell zu antworten. In solchen Fällen: Weg damit!

r)   Herr Wagenbert bestreitet nach wie vor, dass er mit dem Lkw nicht über die Baustelle gefahren ist.

Wieder einmal das Wort »nicht«, das zusammen mit »bestreitet« eine doppelte Verneinung darstellt, die gar nicht gemeint ist.

rr)  Herr Wagenbert bestreitet nach wie vor, dass er mit dem Lkw nicht über die Baustelle gefahren ist.

Oder: Herr Wagenbert behauptet nach wie vor, dass er mit dem Lkw nicht über die Baustelle gefahren ist.

s)   Geldstrafen werden von der Lohnzahlung abgezogen.

Wie macht man das, von einer Zahlung Strafen abzuziehen? Es dürfte misslingen. Wenn es aber ginge, wäre der zu Bestrafende sicherlich froh darüber, denn wenn eine Strafe abgezogen würde, bekäme er sie ja nicht mehr. Spaß beiseite!

ss)  Strafbeträge werden bei der Lohnzahlung abgezogen.

Natürlich werden sie *bei* der Lohnzahlung abgezogen, vom Lohnbetrag nämlich. Eine andere Möglichkeit: Gelstrafen werden bei der Lohnzahlung berücksichtigt.

t)   Ziel und die immer während Aufgabe des Umweltschützers ist es, diesen Grundsatz sicherzustellen.

Es ist zwar denkbar, dass man einen Grundsatz unbedingt beibehalten will. Gemeint aber war hier – wie man beim Lesen auch sofort vermuten wird – etwas anderes. Nämlich:

tt)  Die Aufgabe des Umweltschützers ist es, dafür zu sorgen, dass dieser Grundsatz immer befolgt wird.

Sind Unfälle, wie sie ja täglich vielfach auf unseren Straßen passieren, etwas Erfreuliches? Gewiss nicht. Nun heißt es da aber amtlich so:

u)   Die erfreuliche Unfallstatistik verpflichtet.

Das Adjektiv »erfreuliche« bezieht sich hier zwar, grammatisch
korrekt, auf das Grundwort der Zusammensetzung, auf »statis-
tik«. Dennoch: Die Nachbarschaft von »erfreulich« und »Un-
fall« irritiert. Wie können Unfälle, selbst wenn sie weniger geworden sind, erfreulich sein? Aber das steht doch auch gar
nicht da!? Nein, es steht nicht da, aber dieser nicht ausgedrückte Gedanke schwingt in dem ausgedrückten Gedanken
leider mit. Eine Art falscher Zungenschlag. Besser:

uu)  Die günstiger gewordene Unfallstatistik verpflichtet.

Oder: Der erfreuliche Rückgang der Verkehrsunfälle verpflichtet.

v)   Die Ingenieurabteilung musste wesentlich erweitert wer-
     den. Im Folgenden soll der heutige Stand mit früheren Jah-
     ren verglichen werden.

Sie sehen, dergleichen kommt häufig vor. Der Vergleich, der in
diesem Satz ausgedrückt wird, ist gar nicht gemeint, kann gar
nicht gemeint sein.

vv)  Die Ingenieurabteilung musste wesentlich erweitert wer-
     den. Im Folgenden soll der heutige Personalstand mit dem
     früherer Jahren verglichen werden.

Nicht »Stand« und »Jahre«, sondern »Stand« und »Stand« sollen verglichen werden.

w)   Hier ist der gelungene Versuch unternommen worden.

Fein, wenn man schon im Voraus weiß, dass ein Versuch gelingt; allerdings ist es dann gar kein Versuch mehr. Eine Lösung
des Problemchens könnte so aussehen:

145

ww) Hier ist der Versuch unternommen worden, ... (das und das zu tun). Der Versuch ist gelungen.

Oder: Der Versuch, ..., ist gelungen.

x)  Der Polizist war wieder rehabilitiert worden.

Schön für ihn, aber bedenklich für uns. Wenn ein Polizist »wieder« rehabilitiert worden ist, dann muss er schon mehrfach in dem Verdacht gewesen sein, etwas Verbotenes getan zu haben. Also:

xx)  Der Polizist war rehabilitiert worden.

Dieses »wieder« finden wir in vielen Sätzen, in die es nicht gehört: weil es dort die Lesenden auf den Gedanken einer Wiederholung kommen lässt, der jedoch gar nicht gemeint ist.

z)  Wir haben die schwierige Aufgabe, unsere Korrespondenzabwicklung den Kundenfirmen anzugleichen.

Derselbe Fehler, den wir schon in mehreren anderen Fällen gefunden haben: Nicht zu Vergleichendes wird verglichen. Also:

zz)  Wir haben die schwierige Aufgabe, unsere Korrespondenzabwicklung der Arbeitsweise in den Kundenfirmen anzugleichen.

Die »Arbeitsweise« ist hineingekommen, weil sonst ein stilistisch ungünstiges »der der« entstanden wäre.

Sicher haben Sie viele Fehler in diesen Texten von »a« bis »z« entdeckt. Eine solche Übung trainiert »die Nase«. Was wir sonst leicht überlesen, lässt uns aufmerken: Ist da alles in Ordnung?

146

## 48 Logische Werbung?

Die Werbetextprofis nehmen sich so manches heraus, und wir sollten es ihnen großzügig gönnen – wenn es witzig ist, allemal. Aber wenn sie unabsichtliche Denkfehler machen, wenn sie in Fallen tappen, ohne es zu merken ... In einer Anzeige, mit der Uhren verkauft werden sollten, hieß es:

> Ich sehe nicht ein, warum ich Uhren teurer verkaufen soll, als ich kann.

Ist ausgedrückt, was gemeint war?

## 48 Logische Werbung?

Werbetextprofis haben Gedanken zu liefern, und das nicht etwa in der Zeichen- und Zahlensprache der Chemie oder der Mathematik, sondern in unserer so vertrauten und doch so schwierigen Buchstabensprache. Gedanken liefern sie jedoch nur dann, wenn sie aus ihrem Denken, jener »Bewegung der Vorstellungen und Begriffe« (Bochenski), folgerichtige Sätze formen.

> Ich sehe nicht ein, warum ich Uhren teurer verkaufen soll, als ich kann.

Folgerichtig? Irrtum. Der Anbieter soll Uhren gar nicht teurer verkaufen, als er kann. Das ist erstens niemandem zuzumuten, und zweitens wird es niemandem gelingen. Richtig wäre zum Beispiel gewesen:

> Ich sehe nicht ein, warum ich Uhren nicht so billig verkaufen soll, wie ich kann.

147

Oder:

> Ich sehe nicht ein, warum ich Uhren teurer verkaufen soll, als nötig ist.

Beide Wendungen – wir sprechen hier nicht von ihrem Werbewert – sind folgerichtig. Sobald sich aber einzelne Glieder aus ihnen lösen und Verbindungen mit dem Nachbarn eingehen, entsteht ein Zwitter. Der Gedanke zerbricht.

## 49 Könnte es nicht ganz einfach sein?

So viele Korrespondenzfachleute wollen etwas ganz Einfaches ausdrücken, aber weil es irgendwie bedeutend oder fachkundig klingen soll, verheddern sie sich.

> Ihrer freundlichen Rückantwort sehen wir baldmöglichst mit Interesse entgegen.

Bitte zweimal lesen, und dann verbessern!

## 49 Könnte es nicht ganz einfach sein?

Dass im Geschäftsleben mehr Freundlichkeit vorteilhaft wäre, ist sicher richtig, und dass vieles schnell gehen sollte, ebenfalls. Aber ...

> Ihrer freundlichen Rückantwort sehen wir baldmöglichst mit Interesse entgegen.

Höchstwahrscheinlich geht es nicht um eine Rückantwort, sondern um eine Antwort. Eine Rückantwort wäre eine Antwort auf eine Antwort. Auch sie kann vorkommen, aber das passiert selten, und so geschieht es, dass »Rückantwort« meistens falsch benutzt wird. Auch auf vielen Werbeantwortkarten finden wir das falsche »Rückantwort«.

Wer so einen letzten Satz geliefert bekommt, mag sich sagen: »Ich soll also schnell antworten. Verstehe ich. Aber dass ich das bei diesem Sachverhalt auch noch freundlich tun soll, ist ein bisschen viel verlangt.

Und schließlich: Was hat der Schreiber davon, wenn er der erbetenen Antwort baldmöglichst entgegensieht? Kommt sie dadurch schneller?

Abgesehen davon: Die Zusammensetzung »baldmöglichst« ist ein typisches Papierwort, das heißt, es kommt im Gespräch kaum vor. Wer redet schon so! Deshalb sollten wir es auch in einem Geschäftsbrief nicht verwenden.

Daraus ergibt sich, je nach Sachverhalt, zum Beispiel:

>Bitte antworten Sie gleich. Danke.
>Wir freuen uns auf Ihre baldige Antwort.
>Würden Sie uns bitte möglichst schnell antworten? Danke.

Es gibt viele Möglichkeiten, eine so einfache Information logisch und angemessen und in natürlicher Gebrauchssprache zu formulieren. Nutzen wir sie!

## 50 Am besten nie aufgeben!

Ein spannendes Fußballspiel: Spanien gegen Irland. Die Spanier, zunächst überlegen, gingen 1:0 in Führung. Aber die Iren gaben nicht auf. Und je länger das Spiel dauerte, umso stärker wurden sie und gewannen schließlich sogar Oberwasser. In der 89. Minute: 1:1 – Verlängerung. Die Spanier schienen am Ende ihrer Kräfte zu sein, verloren außerdem einen Spieler durch Verletzung, der nicht mehr ersetzt werden durfte. Die Folge war, dass sie sich fast nur noch in der Defensive bewegten. Aber – sie bewegten sich und schafften es, die Verlängerung zu überstehen. Dramatisches Elfmeterschießen, und – die Spanier gewannen. Niemals aufgeben!

Das Wort »aufgeben« hat aber noch weitere Bedeutungen. In der Wendung »einen Brief aufgeben« bedeutet es: einen Brief abschicken. In dem Satz »Wir bitten Sie, uns Ihre Kosten aufzugeben!« bedeutet es so viel wie »angeben«, »nennen«. Das kann zu Missverständnissen führen.

> Angesichts dieses Sachverhalts stellen wir Ihnen anheim, Ihre Schadenforderung aufzugeben.

Was ist gemeint? Was könnte man auch daraus lesen? Und nun dies:

> Wir bitten dringend um Überweisung der Ihnen mit unserem Schreiben vom 7. Oktober aufgegebenen Restforderung.

Was heißt das, genau genommen? Und was ist gemeint?

## 50 Am besten nie aufgeben!

Jemand soll, so wird ihm von einer Versicherungsgesellschaft brieflich mitgeteilt, seine Forderung aufgeben.

> Angesichts dieses Sachverhalts stellen wir Ihnen anheim, Ihre Schadenforderung aufzugeben.

»Was, ich soll auf meine Forderung verzichten? Typisch Versicherung. Und das ›anheimstellen‹ soll wohl heißen, dass man es sonst auf einen Prozess ankommen lassen will.« So etwa mag ein aufgeregter, argwöhnender Briefempfänger denken. Er ruft den Absender an und macht ihm lautstark klar, dass dies gar nicht infrage komme. Der ist verblüfft, denn er hat doch – durchaus im Sinne des Korrespondenzpartners – gemeint, der solle ihm die Höhe seiner Schadenforderung nennen, angeben, sie nachweisen. Wie wäre die Sache eindeutig gewesen?

Bei diesem Sachverhalt werden wir den Ihnen entstandenen Schaden ersetzen. Bitte teilen Sie uns die Schadensumme mit, und fügen Sie die Quittung des Handwerkers über die ausgeführte Arbeit bei.

Anders verhält es sich bei dem zweiten Satz. Zwar wird jedem klar sein, was gemeint ist, aber geschrieben steht da etwas anderes.

Wir bitten dringend um Überweisung der Ihnen mit unserem Schreiben vom 7. Oktober aufgegebenen Restforderung.

Das Wort »aufgegebenen« passt hier weder in der einen noch in der anderen Bedeutung. Und wie soll man eine Forderung überweisen?

Wir bitten Sie dringend, die in unserem Schreiben vom 7. Oktober genannte Restforderung auszugleichen.

Oder:

Unsere Restforderung beträgt … Euro. Bitte überweisen Sie diesen Betrag ohne weitere Verzögerung. Danke.

Das »Danke« ist natürlich ein vorweggenommenes »Danke«. Es soll andeuten, der Mahnende hält es für selbstverständlich, dass der Ermahnte vernünftig, das heißt mit Zahlung, reagiert.

## 51 Wirklichkeit oder Nichtwirklichkeit?

Der Konjunktiv bereitet oft Schwierigkeiten. Dabei ist der Umgang mit dieser besonderen Verbform gar nicht so kompliziert. Aus einem Protokolltext:

> Abschließend bemerkte Herr B., dass die Vereinsführung das Schreiben der Stadtverwaltung sehr begrüßt hätte und die Unterzeichnerin möchte dies als Einverständniserklärung entgegennehmen.

Was gemeint ist, das ist klar. Ist es wirklich ganz klar?

## 51 Wirklichkeit oder Nichtwirklichkeit?

In einem Protokoll informiert die protokollführende Person, was in einer Sitzung gesagt und beschlossen wird. Zu unterscheiden sind mehrere Protokollarten, vor allem: das wörtliche Protokoll, das Ergebnisprotokoll, das Verlaufsprotokoll. Am häufigsten wird das Verlaufsprotokoll gebraucht. Man möchte ihm natürlich Beschlüsse und Ergebnisse einer Sitzung entnehmen können, will aber auch erfahren, wie es dazu gekommen ist.

Im wörtlichen Protokoll hätte unser Beispieltext so lauten können:

> Abschließend sagte Herr B.: »Die Vereinsführung hat das Schreiben der Stadtverwaltung sehr begrüßt; sie ist mit dem Inhalt einverstanden.«

Im Beschlussprotokoll hätte stehen können:

> Die Vereinführung hat sich mit dem Inhalt des Stadtverwaltungsbriefes einverstanden erklärt.

Aber wie ist es nun mit dem Verlaufsprotokoll? Im Duden-Sekretariatshandbuch heißt es zur sprachlichen Form kurz und bündig:»Was gesagt wurde, wird in der indirekten Rede wiedergegeben.« Und dafür gibt es einen guten Grund. Hier noch einmal der Originalsatz aus der Praxis:

Abschließend bemerkte Herr B., dass die Vereinsführung das Schreiben der Stadtverwaltung sehr begrüßt hätte und die Unterzeichnerin möchte dies als Einverständniserklärung entgegennehmen.

Wenn die Vereinsführung diese Hintergrundinformationen gehabt hätte, wäre sie mit dem Inhalt des Stadtverwaltungsbriefes nicht einverstanden gewesen. Aber – sie hat nun einmal diese Informationen nicht gehabt. Das heißt, der Konjunktiv II,»hätte«, drückt die Nichtwirklichkeit aus, ebenso»wäre … gewesen«. Will man dagegen die Wirklichkeit ausdrücken, so muss der Konjunktiv I gewählt werden. Also:

Abschließend bemerkte Herr B., dass die Vereinsführung das Schreiben der Stadtverwaltung sehr begrüßt habe …

Und warum wird nicht einfach der Indikativ, die Wirklichkeitsform, gewählt? Weil die protokollierende Person meistens nicht wissen kann, ob eine Rednerin oder ein Redner die Wahrheit sagt oder nicht, ob etwas richtig oder nur halb richtig oder sogar falsch geschildert wird. Benutzt sie zur Wiedergabe die Wirklichkeitsform, so stellt sie sich hinter die Aussage – als wenn sie deren Richtigkeit bestätigen könnte. Nur mit der Möglichkeitsform hält sie sich aus der Sache raus, sorgt nur für eine zutreffende Wiedergabe dessen, was sie in der Sitzung gehört hat.

Die Fortsetzung unseres Beispielsatzes ist genauso falsch wie der Anfang.

… und die Unterzeichnerin möchte dies als Einverständniserklärung entgegennehmen.

153

Ob sie das möchte oder nicht möchte, das wird die protokollierende Person nicht wissen. Sie hätte das nur gern. Also:

... und die Unterzeichnerin möge dies als Einverständniserklärung entgegennehmen.

Vor dem »und« endet der Nebensatz »dass die Vereinsführung ... begrüßt hätte«; dieser Nebensatz muss am Anfang und am Ende durch Komma begrenzt werden. Mit »und« wird ja kein weiterer Nebensatz angeschlossen, sondern der Hauptsatz fortgeführt.

Vielleicht fragen Sie jetzt: »Wie unterscheiden sich denn in den verschiedenen Personalformen Konjunktiv I und II? So:

| Indikativ | Konjunktiv I | Konjunktiv II |
|---|---|---|
| ich habe | ich habe | ich hätte |
| du hast | du habest | du hättest |
| er, sie, es hat | er, sie, es habe | er, sie, es hätte |
| wir haben | wir haben | wir hätten |
| ihr habt | ihr habet | ihr hättet |
| sie haben | sie haben | sie hätten |

Ist Ihnen etwas Besonderes aufgefallen? Natürlich. In der ersten Person Singular sowie der ersten und der dritten Person Plural sind Indikativ und Konjunktiv I nicht zu unterscheiden. Um den Konjunktiv dennoch erkennbar zu machen, weicht man in solchen Fällen vom Konjunktiv I auf den Konjunktiv II aus.

Er behauptete, dass ich das gesehen habe.
(Indikativ gleich Konjunktiv)

Er behauptete, das ich das gesehen hätte.
(Indikativ nicht gleich Konjunktiv)

Einfache Regel also: Wenn die Möglichkeit ausgedrückt werden soll, ist dies durch den Konjunktiv I zu verwirklichen; nur wenn Indikativ und Konjunktiv I dieselbe Form haben, ist auf den Konjunktiv II auszuweichen.

154

# 52 Anpassung

Ich schlage ein Buch über Bewerbungen auf. Es enthält keinen einzigen Musterbrief – auf den ersten Blick zu sehen –, der im Sinne der »Schreib- und Gestaltungsregeln für die Textverarbeitung« (DIN 5008), früher »Regeln für Maschinenschreiben«, auch nur halbwegs einwandfrei wäre. Das macht mich neugierig auf die Texte. Hier zwei Stellen:

> Insbesondere sollte nicht nur das Anschreiben peinlichst genau auf den Anzeigentext eingehen, sondern auch der Werdegang.

> Herr ... müsste einiges in seinem bisherigen Leben umstellen, um sich für die Wirtschaft attraktiv zu machen.

Wird der Bewerber Erfolg haben, wenn er das tut? Vielleicht. Aber kann er das denn tun?

# 52 Anpassung

Anpassung ist gut, Passendes ist besser. Zweifellos können wir einen Bewerbungsbrief so oder so oder noch ganz anders formulieren, aber eins können wir nicht. Hier noch einmal die erste Empfehlung:

> Insbesondere sollte nicht nur das Anschreiben peinlichst genau auf den Anzeigentext eingehen, sondern auch der Werdegang.

Wenn nun aber der Werdegang den Anforderungen im Anzeigentext stellenweise nicht entspricht? Wie soll der Werdegang dann auf den Text eingehen? Einfach einen »korrigierten«, also hier oder da falschen Werdegang schreiben, erfinden, was nicht vorhanden ist? Das hat der Autor bestimmt nicht gemeint. Doch was dann? Dies:

Insbesondere sollte nicht nur das Anschreiben genau auf den Anzeigentext eingehen, sondern auch die Darstellung des Werdegangs.

Den Werdegang verändern, das ist nicht möglich; der ist nun einmal so, wie er ist. Aber wir können natürlich in einer Bewerbung dieses und jenes betonen und das eine oder andere beiläufig erwähnen oder sogar weglassen. Das Weglassen ist zum Beispiel möglich und erlaubt, wenn es sich um Nebensachen handelt. Wer sich als Revisor bewirbt, wird vielleicht erwähnen, dass er in seiner Freizeit gern Schach spielt, aber unerwähnt lassen, dass er ein Fußballfreak ist. Das heißt, die Darstellung des Werdegangs lässt sich in gewissen Grenzen günstig im Sinne des Anzeigentextes gestalten, der Werdegang selbst nicht.

Nebenbei: Was soll das »peinlichst genau«? Ein schlichtes »genau« wirkt sinnvoller, glaubwürdiger.

Was für den ersten Satz gilt, das gilt auch für den zweiten.

Herr ... müsste einiges in seinem Leben umstellen, um sich auch für die Wirtschaft attraktiv zu machen.

Wieder stellt sich die Frage: Wie kann ich in meinem bisherigen Leben etwas umstellen, um mich für die Wirtschaft attraktiv zu machen? Ich kann gar nichts umstellen. Geschehen ist geschehen. Was ich kann, ist dies: in einem Briefentwurf, der Teile meines Lebens schildert, die Formulierungen so wählen, dass im Sinne des Anzeigentextes Wichtiges betont und Unwichtiges oder Schädliches zurückgenommen wird. Verbesserung der Aussage:

156

Herr ... müsste einiges in seiner Lebensdarstellung verändern, um sich auch für die Wirtschaft attraktiv zu machen.

Zum Beispiel könnte er als Sozialarbeiter – vorausgesetzt, es trifft zu – hervorheben, dass er häufig intensiv mit Unternehmensleuten verhandelt hat, um für seine Schützlinge einen Arbeitsplatz zu bekommen, und dass gute Wirtschaftskenntnisse dafür eine notwendige Voraussetzung gewesen sind. So etwas ist zu machen. Aber – noch einmal – das Leben umstellen, das wird rückwirkend nicht klappen. An solchen Textstellen muss man schon »peinlichst genau« formulieren.

Hier ein Beispiel (aus dem Buch »Außergewöhnliche Bewerbungen«, Wolfgang Manekeller, Wirtschaftsverlag Langen Müller / Herbig):

Ein Erzieher oder Sozialpädagoge wurde gesucht. In der ZEIT-Anzeige wies das suchende Jugendhilfszentrum der Arbeiterwohlfahrt in Lübeck auf folgende besondere Aufgaben hin:

Die Bewerber sollten, weil die »Haltung von Kleintieren und die Pflege eines Nutzgartens zum pädagogischen Konzept« gehören, am Umgang mit Tieren und an der Gartengestaltung ein besonderes Interesse haben.

Wie kann ein Bewerber darauf zum Beispiel eingehen?

Davon abgesehen, dass ich mein Studium gut beendet und als Sozialpädagoge schon erfolgreiche Praxisarbeit geleistet habe (Anlage: Zeugniskopien, Stichwortlebenslauf), ist meine Ausbildungszeit ständig von den Themen »Garten« und »Tiere« begleitet gewesen.

Mein Vater war ein großer Gartenliebhaber und -kenner; er hat mich stets im Garten mitarbeiten lassen. Nachdem er einen Herzinfarkt einigermaßen überstanden hatte, stieg ich sozusagen zum Vorarbeiter auf, der – nach Anleitung und Anweisung des »Chefs« – immer mehr Aufgaben übernahm.

157

Solange ich denken kann, haben wir in meinem Elternhaus einen Hund gehabt. Als ich dann selbstständig wurde und heiratete – wir haben zwei Kinder –, habe ich diese Tradition fortgesetzt. Bei uns tummelt sich eine lustige Boxer-Mix-Hündin, von fröhlichem Gerede und Gezwitscher zweier Wellensittiche begleitet.

Im vorletzten Schuljahr habe ich aufgrund einer Initiative der Schule ein dreiwöchiges Praktikum bei einem Tierarzt absolviert. Die Arbeit hat mir so viel Spaß gemacht, dass ich jeden Fall, an dem ich irgendwie beteiligt war, dokumentiert habe (Anlage).

Was hier in der Bewerbung geschildert wird, das sind natürlich hervorragende Voraussetzungen. Viele, die ähnlich gute Voraussetzungen für eine ausgeschriebene Stelle haben, kommen nur nicht darauf, sie zu erwähnen und – sprachlich ins rechte Licht zu rücken.

## 53 Fantastisch, toll ...

Das sind zwei Adjektive, die neben »super«, »mega«, »cool«, »geil«, »wahnsinnig« und »unheimlich« besonders oft verwendet werden. Nun mag dergleichen ja als Teil einer Jugendsprache toleriert werden. Früher war alles »prima«, heute ist es eben »super« usw. Aber bei Erwachsenen, zumal in der Öffentlichkeit stehenden, ist es wohl nicht zu viel verlangt, dass sie sich bei dem, was sie sagen und schreiben, auch etwas denken.

Ein Delegierter auf einem Parteitag sagte:

> Wir haben einen phantastischen Kanzlerkandidaten und eine tolle Parteivorsitzende.

Was wollte er ausdrücken? Sicherlich, dass seine politischen Spitzenkräfte großartig seien. Und das hat er – umgangssprachlich – auch gesagt.

Aber schwingen da nicht andere Bedeutungen mit, die in diesem Zusammenhang gar nicht so angenehm sind?

## 53 Fantastisch, toll ...

**W**er »fantastisch« und »toll« nur als »großartig« kennt, erlebt sein blaues Wunder, wenn er einmal nachschlägt, wenn er zum Beispiel prüft, was Dudens »Deutsches Universalwörterbuch« dazu sagt. Die eigentlichen Bedeutungen, die Hauptbedeutungen dieser Wörter, sind nämlich für Personen, die mit diesen Ausdrücken charakterisiert werden, gar nicht so angenehm. Bitte überlegen Sie noch einmal:

> Wir haben einen fantastischen Kanzlerkandidaten und eine tolle Parteivorsitzende.

Schon der einfache Rechtschreibduden gibt hinreichend Auskunft. Da heißt es unter »fantastisch« (neue Rechtschreibung): »schwärmerisch, überspannt, unwirklich«. In zweiter Linie: »*ugs. für großartig*«. Und unter »toll« finden wir nur: »toll, tolldreist«. Und schon das »tolldreist« ist für den, auf den es gemünzt wird, keine Empfehlung. Aber da nun »toll« umgangssprachlich auch so etwas wie »großartig« bedeuten soll, sehen wir uns einmal ein paar andere umgangssprachliche Wendungen an, in denen dieses Wort die tragende Rolle spielt.

> Er benahm sich wie toll.
> Toll und voll sein.
> Das war ein tolles Stück, das er sich da geleistet hat.

Was ist daraus zu lernen? Wenn zwei Wörter – hier »fantastisch« und »toll« – derart mit negativen Bedeutungen belastet sind, tut man gut daran, sie in delikaten Zusammenhängen nicht zu verwenden. Auch wenn man nur eine positive Bedeutung meint – die negativen Bedeutungen schwingen immer mit.

Zu der Aussage des Parteidelegierten: Was hätte er auch und treffender sagen können? Zum Beispiel:

> Wir haben einen hervorragenden Kanzlerkandidaten und eine überzeugende Parteivorsitzende.

> Wir haben einen außergewöhnlichen Kanzlerkandidaten und eine begeisternde Parteivorsitzende.

> Wir haben einen überragenden Kanzlerkandidaten und eine hinreißende Parteivorsitzende.

Wenn uns, je nach Temperament und Geschmack, vielseitige Ausdrucksweisen zur Verfügung stehen, ist es dann sinnvoll, nach unglücklich mehrdeutigen zu greifen? Aber – Nach-Denken scheint wenig verbreitet zu sein.

Art des Fehlers: **Mehrdeutigkeit.**

## 54 Um ein Haar im Abseits

Fußball-Weltmeisterschaft 2002 in Japan und Südkorea. Es geht zwischen Südkorea und Italien um den Einzug ins Viertelfinale. In einer wichtigen Phase fällt das 2:1 für Italien. Aber – Abseits! Irrtum, es war keine Abseitsstellung. Trotzdem ... Die Südkoreaner gewannen das Spiel schließlich kurz vor Beendigung der Verlängerung.

Es sind oft Kleinigkeiten, die zwischen Richtig und Falsch entscheiden. Auch hier, in einem Satz aus einer Musterbewerbung:

> Leider lassen rückläufige Kurs-Teilnehmer-Zahlen mich um meinen jetzigen Arbeitsplatz bangen.

Aus einem stilistischen Grund noch die Fortsetzung:

> Gerne würde ich am nächsten Quartalsanfang eine neue Stelle ... antreten.
>
> Für ein Gespräch stehe ich Ihnen gerne zur Verfügung.

Drückt der erste Satz aus, was er ausdrücken soll? Was ist in den beiden Schlussformulierungen zu beanstanden?

## 54 Um ein Haar im Abseits

Zunächst ein Lob: Wer schreibt schon korrekt »Kurs-Teilnehmer-Zahlen«, also mit Bindestrichen durchgekoppelt. »Kursteilnehmer-Zahlen« wäre allerdings auch möglich gewesen, ebenso »Kursteilnehmerzahlen«. Aber dann ...

> Leider lassen rückläufige Kurs-Teilnehmer-Zahlen mich um meinen jetzigen Arbeitsplatz bangen.

Was bedauert der Schreiber? Dass rückläufige Kurs-Teilnehmer-Zahlen ihn bangen lassen. Ob er meint, dass er trotz dieser Entwicklung nicht bangen sollte? Nein, er meint etwas anderes, nämlich dies:

> Leider rückläufige Kurs-Teilnehmer-Zahlen lassen mich um meinen jetzigen Arbeitsplatz bangen.

Im Originalsatz bilden die Wörter »Leider lassen … mich … bangen«, obwohl sie weit voneinander entfernt stehen, eine inhaltliche Einheit, während »Leider rückläufige Kurs-Teilnehmer-Zahlen« eine inhaltlich Einheit bilden sollten. Um ein Haar im Abseits!

In den beiden letzten Sätzen zweimal das Wort »gerne« zu haben, das ist stilistisch nicht gerade empfehlenswert. Und es offenbar nicht zu merken, das spricht für eine gewisse Oberflächlichkeit. Denn dass solche Wortwiederholungen, unbeabsichtigt, als »hässliche Wiederholungen« zu werten seien, das haben wir alle in der Schule gelernt.

Und wie wäre es zu vermeiden gewesen? Sehr einfach: durch Streichen des letzten Satzes. Er enthält eine Selbstverständlichkeit und ist deshalb als Schlussformulierung in einem Bewerbungsbrief ungeeignet. Floskel! Dem Bewerber ist nichts Besseres eingefallen. Wahrscheinlich hat er nicht einmal nach etwas Besserem gesucht.

Dass der Bewerber gern für ein Gespräch zur Verfügung stände – klar. Ob der Bewerbungsempfänger mit diesem Bewerber gern ein Gespräch führen würde, kann der Bewerber nicht wissen. Also – mag er ihn doch höflich fragen.

Darf ich Sie zu einem Gespräch aufsuchen, in dem ich Ihnen weitere für Sie interessante Informationen geben kann?

Menschen, von denen man etwas will, haben es immer »gerne«, wenn sie gefragt werden: wenn man Ihnen die Entscheidung überlässt.

## 55 Wenn Kündigung droht ...

Im Kölner Stadt-Anzeiger vom 18. Juni 2002 wurden den Sportreportern Heribert Faßbender und Johannes B. Kerner unter dem Titel »Hallo, geht da noch was?« in ironischem Plauderton miserable Leistungen bei der Kommentierung von Fußballspielen anlässlich der Weltmeisterschaft nachgesagt. Am 19. Juni folgte ein Artikel »Moderate Töne, bitte!« Es ging darin um einen jungen Mann, dem ein bestimmter Vorgang »kräftig Ärger machen« werde. Zu lesen war, dass ein Mitarbeiter des »ARD WM Service Teams« (Bindestriche sind dort unbekannt) eine Anfrage der Frankfurter Rundschau folgendermaßen beantwortet habe: »Ihre Kritik an Herrn Faßbender ist sicherlich berechtigt, jedoch gibt es während dieser WM kaum noch Chancen, ihn auszutauschen.« Und so weiter. Von dem ARD-Sprecher kam dann die Ankündigung, »dieser Vorgang werde ›sicher Konsequenzen‹ haben«. Weiter heißt es:

> Die E-Mail sei keine Stellungnahme der ARD, sondern die Privatmeinung des Schreibers, der lediglich ein Sportstudent mit Zeitvertrag sei; »kein Redakteur also, dem nun die Kündigung drohe«.

Wenn hier wegen vorlauter Stellungnahme Kündigung droht, fragt sich nur noch: Wem?

## 55 Wenn Kündigung droht ...

Wenn Kündigung droht, ist das fast immer etwas Unangenehmes. In diesem Fall fragt sich, für wen.

> ... die Privatmeinung eines Schreibers, der lediglich ein Sportstudent mit Zeitvertrag sei; »kein Redakteur also, dem nun die Kündigung drohe«.

Wer hier richtig denkt, der denkt vermutlich falsch. Gemeint ist höchstwahrscheinlich, dass der vorlaute junge Mann, nur Sportstudent mit Zeitvertrag, mit Kündigung rechnen müsse. Aber steht das da eigentlich?

Nein, eigentlich steht dort etwas anderes: Wenn der Schreiber ein Redakteur gewesen wäre, dann hätte dem nun, nachdem er sich so unqualifiziert geäußert hätte, die Kündigung gedroht. Und diese Version ist ja auch durchaus vorstellbar. Bei einem ARD-Redakteur wäre ein derartiger Missgriff unverzeihlich gewesen; ihm hätte die Kündigung gedroht. Bei einem jungen, unerfahrenen Sportstudenten dagegen ...

Aber so war's – leider – nicht gemeint. Es ist der Sportstudent, der mit der Kündigung seines Zeitvertrags rechnen musste. Wäre ein ARD-Redakteur der »Übeltäter« gewesen, ihm hätte man gewiss verziehen.

Meldung des Kölner Stadt-Anzeigers vom 20. Juni 2002 unter der Überschrift »Faßbender will seltener kommentieren«: »Der NDR entließ die studentische Hilfskraft im Callcenter des ›ARD Service Teams‹ fristlos.«

## 56 Wann funktioniert was?

In dem nützlichen Buch »Ein flacher Bauch in 15 Tagen«, Untertitel: »Das einfache Sofortprogramm mit Langzeitwirkung«, von Judith Wills, Bechtermünz Verlag, steht unter der Kapitelüberschrift »So funktioniert das Gymnastik-Programm«:

> Bestimmt werden Sie meine Bauch-weg-Gymnastik kinderleicht finden – denn sie ist kinderleicht! Damit behaupte ich nicht, dass die Übungen Ihnen keine Mühe bereiten werden, denn wenn das Programm so einfach wäre, würde es nicht funktionieren.

Zu loben ist die Schreibweise »Bauch-weg-Gymnastik«, denn wer kennt heute schon noch die Bindestrichregeln!?

Und warum finden Sie diese Textstelle trotzdem hier als Aufgabe zum Nach-Denken?

## 56 Wann funktioniert was?

Es geht ein bisschen hin und her zwischen »leicht« und »doch nicht leicht«.

Bestimmt werden Sie meine Bauch-weg-Gymnastik kinderleicht finden – denn sie ist kinderleicht. Damit behaupte ich nicht, dass die Übungen Ihnen keine Mühe bereiten werden, denn wenn das Programm so einfach wäre, würde es nicht funktionieren.

*Ist* das Programm der Bauch-weg-Gymnastik nun kinderleicht oder einfach, oder ist es das nicht? Mal ja, mal nein, das mag die eine oder den anderen irritieren. Oder man müsste zwischen »kinderleicht« und »einfach« einen Unterschied machen. Aber welchen?

Und dann die Frage: Warum soll ein Programm nicht funktionieren, nur weil es einfach ist? Denken wir zum Beispiel an Osteopathie. Bei der osteopathischen Therapie gibt es keine »Gewalt«-Anwendung wie bei der Chiropraktik, keine besondere Anstrengung wie bei einem Trimmprogramm, keine Nebenwirkungen wie bei den meisten Medikamentenbehandlungen. Obwohl es ganz sanft mit nichts anderem als den Händen – sehr feinfühligen, geübten Händen – realisiert wird, ist es wirksam. Also? Warum soll ein Programm, das einfach ist, nicht funktionieren? Verbesserungsvorschlag:

Bestimmt werden Sie meine Bauch-weg-Gymnastik kinderleicht finden – denn sie ist kinderleicht. Was Sie allerdings tun müssen: Einfache Übungen diszipliniert 15 Tage lang durchführen! (Sie werden von dem Ergebnis wahrscheinlich so angetan sein, dass Sie aus dem kurzfristigen Sofortprogramm ein Langzeitprogramm machen.)

Bei dieser Gelegenheit sei einmal ein Lob für die Lesenden ausgesprochen. Texte, die nicht so ganz gelungen sind, wie dieser Text, werden meistens dennoch richtig verstanden: weil die Lesenden richtig verstehen wollen, weil sie gutwillig sind, weil ihre Sprachkompetenz es ihnen ermöglicht, auch aus nicht ganz Gelungenem das Gemeinte herauszulesen. Wie gut für alle, die schreiben! Aber kein Freibrief in dem Sinne: »Ach, es kommt doch nicht so genau darauf an!«

## 57 Schiefer Vergleich?

In Willy Sanders' Buch »GUTES DEUTSCH – BESSERES DEUTSCH« mit dem Untertitel »Praktische Stillehre der deutschen Gegenwartssprache« (Wissenschaftliche Buchgesellschaft) – sehr lesenswert! – finden wir unter der Kapitelüberschrift »DER MENSCH IST DER STIL« folgenden Satz:

> Wie man aber mit dem gleichen Material schöne und weniger schöne, »stilvolle« und architektonisch misslungene Häuser bauen kann, so lässt sich auch im Umgang mit der Sprache ein stümperhafter Gebrauch vom gekonnten des guten Stils unterscheiden.

Hier werden Hausbau und Textbau verglichen. Oder kann man Hausbau und Textbau gar nicht vergleichen?

# 57 Schiefer Vergleich?

Mit dem Vergleichen ist das so eine Sache. Wir pflegen das Verb »vergleichen« an vielen Stellen zu benutzen, wo ein anderes Wort hingehört. Beispiel, aus einer Diskussion:

> Sie können hier doch nicht einfach Äpfel und Birnen vergleichen.

Warum kann man Äpfel und Birnen nicht vergleichen: nach Größe, Form, Geschmack, Haltbarkeit, Sortenvielfalt …? Natürlich kann man. Wir können sogar einen Tisch mit einer Fledermaus vergleichen. Viele Gleichheiten oder Ähnlichkeiten würden wir dabei nicht feststellen, aber eben das wäre ja auch ein Ergebnis des Vergleichs.

Gemeint ist in vielen Fällen, in denen verglichen wird, gar nicht »vergleichen«, sondern »gleichsetzen«. Nein, gleichsetzen kann man Äpfel und Birnen natürlich nicht, vergleichen kann man sie schon.

Zurück zu unserem Text:

> Wie man aber mit dem gleichen Material schöne und weniger schöne, »stilvolle« und architektonisch misslungene Häuser bauen kann, so lässt sich auch im Umgang mit der Sprache ein stümperhafter Gebrauch vom gekonnten des guten Stils unterscheiden.

Also, selbstverständlich lassen sich Hausbau und Textbau vergleichen. Die Frage ist hier nur: Ist das, was auf »Wie« und »so« folgt, gleichartig formuliert?

Im ersten Fall wird gesagt, dass aus dem gleichen Material schöne und weniger schöne, sogar »stilvolle« und architektonisch misslungene Häuser entstehen können; im zweiten Fall

167

wird gesagt, dass sich im Umgang mit der Sprache stümperhafter von gekonntem Gebrauch des guten Stils unterscheiden lässt. Im einen Fall geht es darum, aus A (Material) entweder a (Schönes) oder b (Misslungenes) zu machen. Im anderen Fall geht es nicht darum, aus A entweder a oder b zu machen, sondern zwei Gebrauchsweisen zu unterscheiden: stümperhaftem von gekonntem Stil ... nein, noch eine Windung mehr: stümperhaftem von gekonntem Gebrauch des guten Stils.

Da stimmt einiges hinten und vorne nicht. Was kann nur gemeint sein?

> Wie man aber mit dem gleichen Baumaterial schöne und weniger schöne, »stilvolle« und architektonisch misslungene Häuser bauen kann, so kann man aus dem gleichen Sprachmaterial stilistisch stümperhafte und stilistisch gekonnte Texte machen.

Das ist schon klarer, aber noch nicht genau genug, denn »stümperhafte« und »gekonnte«, diese beiden Adjektive beziehen sich nicht auf die Ergebnisse, die Texte, sondern auf das Formulieren. Will man »Wie« und »so« auf dieselbe Ebene bringen, ist vorzuziehen:

> Wie man aber mit dem gleichen Baumaterial schöne und weniger schöne, »stilvolle« und architektonisch misslungene Häuser bauen kann, so kann man aus dem gleichen Sprachmaterial stilistisch gute und schlechte Texte machen.

Schief erscheint mir in der Originalformulierung auch der Gedanke, dass nicht etwa stilistisch gute Texte gemacht werden, sondern der gute Stil stümperhaft oder gekonnt gebraucht wird: als wäre der gute Stil für jeden Fall als Ergebnis bereits vorhanden und müsse nur ergriffen werden, während er doch durch den Textbauer im konkreten Einzelfall erst geschaffen werden soll.

## 58 Wie liebenswürdig!

Als ich heute früh um fünf ungestört durch unseren Ort ging, fiel mein Blick auf einen Werbetext im Schaufenster eines Geschäfts. Obwohl nicht lang, enthielt er mehrere Fehler. Aufmerksam geworden, sah ich mir zahlreiche weitere Informations- und Werbetexte dieser Art an. Das Ergebnis war immer dasselbe: Zeichensetzungs- und Rechtschreibfehler. Und alle waren sowohl nach den alten als auch nach den neuen Regeln Fehler. Die Inhaber dieser Geschäfte, haben sie nicht deutsche Schulen, meist sogar höhere Schulen besucht?

Einer der Texte verlangte mehr als die schlichte Antwort auf die Frage: »Richtig oder falsch?« Ein Feinkostgeschäft mit einem umfangreichen Weinangebot ließ wissen:

Fachliche Beratung
bei uns eine liebenswürdige
Selbstverständlichkeit

Klingt ganz gut, nicht wahr? Aber wenn wir darüber nachdenken?

## 58 Wie liebenswürdig!

Dass wir gute Freunde, die uns auf der Straße begegnen, grüßen ... freundlich grüßen ... vielleicht sogar liebenswürdig grüßen, ist eine Selbstverständlichkeit. »Dass ich dir bei deiner Bewerbung behilflich bin«, sagt eine Frau zu ihrer Kollegin, »ist für mich eine Selbstverständlichkeit.« Aber wie ist das mit der »liebenswürdigen Selbstverständlichkeit«?

Kann ein Butterbrot, ein Spielzeug, eine Selbstverständlichkeit liebenswürdig sein? Nein. Liebenswürdigkeit ist eine *menschliche* Eigenschaft. Dudens »Deutsches Universalwörterbuch A – Z«: »freundlich u. zuvorkommend: ein -er Mensch; wenig l. zu jmdm. sein; das ist sehr l. von Ihnen (höfliche Dankesformel)«; Wie schon vermutet: »liebenswürdige Selbstverständlichkeit« – Fehlanzeige.

Oft ist es nützlich, ein bisschen weiterzulesen. Unter dem Substantiv »Liebenswürdigkeit« finden wir: »1. (o. Pl.) *liebenswürdige Art.* 2. *liebenswürdige Äußerung, Handlung*«. Demnach können wir zwar nicht von einer liebenswürdigen Selbstverständlichkeit, aber von einer liebenswürdigen Beratung sprechen. Warum? Weil die Beratung eine menschliche Tätigkeit, also personengebunden ist. Vorschlag.

Liebenswürdige Beratung – bei uns
eine Selbstverständlichkeit.

Das Beiwort »fachliche« dürfen wir hier weglassen; wenn wir Wein in einem Fachgeschäft so kaufen könnten wie Butter, Milch und Brötchen bei Aldi oder Extra, brauchten wir keine Beratung. Aber wer die Fachkompetenz des Verkaufspersonals betonen will – na gut:

Freundliche, fachkundige Beratung –
bei uns eine Selbstverständlichkeit.

Art des Fehlers: **fragwürdige Verbindung**.

# 59 Wozu prüfen?

In einem Brief, der sich mit wichtigen Dehnungsmessungen befasst, ist zu lesen:

> ... mit Ihrem Schreiben vom 3. August erhielten wir von Ihnen die Auswertung der von der Firma ... in der Zeit vom 15. bis 20. Juni durchgeführten Dehnungsmessung.
>
> Wie die von Ihnen erstellten Ergebnisse zeigen, bestehen für den sicheren Betrieb der Leitung keine Bedenken. Eine rechnerische Überprüfung der von Ihnen ermittelten Vergleichsdehnung erfolgte von uns nicht.

Den ersten Satz wollen wir nicht mit dem Titel »Denkfehler« belegen; es handelt sich eher um einen sehr häufig zu beobachtenden Flüchtigkeitsfehler. Wieso?

Wenn, wie das korrekt und üblich ist, über der Anrede

> Ihr Schreiben vom ...

steht und zugleich vielleicht auch noch das Thema

> Dehnungsmessung

als Bezug genannt wird, ist damit alles, was uns dieser Einleitungsabsatz sonst noch bietet, bereits gesagt. Warum fleißige Leute, die meistens keine Zeit zu verschenken haben, mit Überflüssigkeiten von ihrer Arbeit abhalten?

Aber was ist zur Ausdrucksweise des zweiten Absatzes zu sagen?

# 59 Wozu prüfen?

**H**ier noch einmal der erste Satz des zweiten Absatzes:

Wie die von Ihnen erstellten Ergebnisse zeigen, bestehen für den sicheren Betrieb der Leitung keine Bedenken.

Der Zusammenhang zwischen dem Einleitungssatz und dieser Aussage könnte auf den Gedanken bringen, dass der Briefempfänger die von der Firma ... durchgeführte Dehnungsmessung nur ausgewertet hätte. Hat er etwas einer speziellen Berechnung unterzogen? Hat er zahlreiche Werte irgendwie geordnet zusammengestellt? Nein, das alles und was man sich sonst noch denken mag, trifft nicht zu. Der zweite Satz des zweiten Absatzes klärt uns nämlich darüber auf, dass man eine Vergleichsmessung durchgeführt hat. Diese Vergleichsmessung hat Ergebnisse gebracht, und die haben bestätigt, dass es keine Sicherheitsbedenken gibt.

Aber wie ist das nun mit den »von Ihnen erstellten Ergebnissen« der Vergleichsdehnung – genauer: der Vergleichsmessung zu der von der Firma ... vorgelegten Dehnungsmessung?

Was bedeutet das Wort »erstellen«? Der Rechtschreibduden sagt: »(errichten, aufstellen)«. Und Dudens »Deutsches Universalwörterbuch«: »**1.** *bauen, errichten:* ein Gebäude, Wohnungen e. **2.** *anfertigen, ausarbeiten:* ein Gutachten, einen Plan e.«

Übertragen wir diese Möglichkeiten nun einmal auf unseren Formulierungsfall: Ergebnisse errichten, aufstellen, bauen, ausarbeiten. Das alles kann es hier nicht sein, es sei denn ...

Ergebnisse einer Untersuchung können wir anstreben, zu bekommen versuchen, erzielen. Und wenn wir, wie in diesem Fall zum Beispiel, eine Dehnungsmessung durch eine Vergleichsmessung überprüfen, so wird diese Überprüfung eine Übereinstimmung, eine Abweichung oder einen Widerspruch liefern. Die entscheidende Frage: Kenne ich das Ergebnis im Voraus? Natürlich nicht. Sonst könnte ich mir die Überprüfungsarbeit erspart.

Der Text spricht jedoch von den »von Ihnen erstellten Ergebnissen«. Das ergäbe nur einen Sinn, wenn der Überprüfer ihm genehme Ergebnisse schon vor der Überprüfung festgelegt hätte, sodass die Überprüfung, die Vergleichsmessung, nur noch eine Scheinuntersuchung gewesen wäre.

Eine solche Täuschung ist natürlich in unserem Praxisfall nicht anzunehmen. Aber dann ist »erstellen« das falsche Wort. Ergebnisse, die man erarbeiten, erzielen will, kann man nicht erstellen.

Solche Fehlformulierungen sind der Fluch der bösen Tat. Welcher Tat? Man hat das Wort »erstellen« zu einem Pauschalwort, einem Allerweltswort, einem Fresswort gemacht. Nicht nur Häuser, Pläne, Gutachten werden heutzutage erstellt, sondern auch schon Briefe, Gartenanlagen, Frisuren, Brötchen ... Das Fresswort »erstellen« hat sich viele andere Wörter wie »schreiben, erarbeiten, produzieren, gestalten, backen ...« einverleibt, das heißt: sie aufs Abstellgleis geschoben.

Dudens Deutsches Universalwörterbuch kritisiert »erstellen« zurückhaltend mit dem Ausdruck »Papierdt.«, also »Papierdeutsch«.

Ja, diese Neuwörter! Was heißt hier Neuwörter? Das Wort »erstellen« gibt es schon lange. Im 18. Jahrhundert hatte es zwei Bedeutungen. Erstens: Wenn eine Hexe etwas angeblich Schlimmes, also Verbotenes, angestellt hatte, so hieß das, sie habe etwas erstellt. Zweitens: Während es im deutschen Militär die Befehle »Liiii-nks um!« und »Reeee-chts um!« gibt, sagen die Schweizer »Links erstellt!« und »Rechts erstellt!«.

173

Das Verb »erstellen« hatte also einen ganz bestimmten, speziellen, sehr engen Geltungsbereich. Erst im 20. Jahrhundert hat der Ausdruck Karriere gemacht, indem er sich, unsere Sprache verarmend, auf ein Dutzend oder mehr fremde Stühle gesetzt und die ursprünglich dort ansässig gewesenen Wörter unter den Tisch geschubst hat.

Tauchte »erstellen« dort nur gelegentlich auf, so wäre das kein Grund zur Kritik, sondern sogar eine Bereicherung in der Form eines schnell paraten, zusammenfassenden Wortes. Wenn »erstellen« aber alles andere zu verdrängen droht und schließlich, wie in unserem Fall, auch noch falsch eingesetzt wird – dann ist vielleicht ein bisschen Gegenwehr angebracht. Wieso nur ein bisschen? Weil wir Einzelnen, die wir in der Regel den genauen Ausdruck dem Pauschalwort vorziehen, mit solchem Eigensinn (im Verstande Hermann Hesses) die Entwicklung nicht stoppen können. Nein, die allgemeine Entwicklung können wir nicht stoppen, aber – die Entwicklung bei uns: weg vom sprachlichen Einheitsbrei, hin zu etwas individuellerer Ausdrucksweise.

## 60 Kleinigkeiten

Manchmal hängt der Sinn einer Aussage an einem einzigen Buchstaben. Das Vorwort des Duden-Taschenbuchs »Wie schreibt man gutes Deutsch?« beginnt mit diesem Satz:

> Die Literatur zum guten Deutsch ist unüberschaubar, wie jeder merkt, der auf diesem Feld auch ein wenig herumschnuppert.

Dass es eine Menge Bücher zum Thema »Gutes Deutsch« gibt, das ist sicher richtig. Aber etwas anderes an dieser Formulierung kann Ihnen und mir zu schaffen machen.

Ein anderer Satz auf derselben Seite des besagten Vorworts hilft uns vielleicht weiter.

> Beides – das allgemeine Wissen vom guten Stil und die Ergebnisse der wissenschaftlichen Diskussion – sind in die Neufassung von »Wie schreibt man gutes Deutsch?« eingeflossen.

Entdecken Sie eine Ähnlichkeit zwischen zwei Formulierungen dieser beiden Sätze? Dann sind Sie auf dem richtigen Weg.

## 60 Kleinigkeiten

Über gutes Deutsch haben schon viele kluge Menschen nachgedacht, und viele haben auch darüber geschrieben. Wie der Autor dieses Buches. Andere intelligente Menschen, die sich weniger professionell mit dem Fach »Deutsch« beschäftigen müssen, denken über gutes Deutsch wahrscheinlich weniger nach, aber sie interessieren sich auch dafür und schnuppern vielleicht in entsprechenden Büchern herum. Wie der zitierte Satz sagt:

> Die Literatur zum guten Deutsch ist unüberschaubar, wie jeder merkt, der auf diesem Feld auch ein wenig herumschnuppert.

Wenn vom guten Deutsch die Rede ist, so fällt uns ein, was gewiss dabei zu berücksichtigen ist: korrekte Rechtschreibung (heute muss man leider fragen: Welche?), richtige Zeichensetzung und Grammatik. Wer auffällig und oft gegen die Regeln verstößt, dessen Deutsch wird nicht zu loben sein. Aber nur Richtigkeit ist ein bisschen zu wenig. Wir möchten auch, dass uns Texte, die wir lesen dürfen oder müssen, in ansprechender Form vor die Augen kommen; wir erwarten, dass sie nicht nur korrekt, sondern auch stilistisch gut sind. Der Stil, in dem ein Text daherkommt, ist wichtig: weil er zu angenehmer Unterhaltung, zu überzeugender Argumentation und nicht zuletzt auch zur Verständlichkeit wesentlich beiträgt.

Beides – das allgemeine Wissen vom guten Stil und die Ergebnisse der wissenschaftlichen Diskussion – sind in die Neufassung von »Wie schreibt man gutes Deutsch?« eingeflossen.

Ein Sinnspruch aus Japan lautet:

Wer schnell verspricht, bald vergisst.

Ein in dieselbe Richtung weisender Sinnspruch aus Russland:

Von versprochenen Eiern gehen hundert auf das Zehnt.

Oder, aus Litauen:

Wer aus Furcht davonläuft, der fällt in die Grube.

Und aus Marokko:

Er floh vor dem Loche und fiel in den Brunnen.

Alle vier Sätze sind in gutem Stil geschrieben, obwohl sie sehr unterschiedlich formuliert sind. Sehen wir uns zwei Sätze einer ganz anderen Textsorte an: zwei Schlussformulierungen eines Bewerbungsbriefes.

a) Wann darf ich mich vorstellen, damit Sie einen persönlichen Eindruck bekommen? Da ich aufgrund Ihrer sehr informativen Anzeige annehme, dass meine Fähigkeiten Ihren Anforderungen besonders gut entsprechen, möchte ich Sie davon überzeugen, dass ich die richtige Mitarbeiterin für Sie bin.

b) »Ein Bild sagt mehr als tausend Worte«, heißt es. Noch mehr sagt, glaube ich, eine Begegnung in persönlichem Gespräch. Bitte führen Sie dieses Gespräch mit mir. Interessiert?

Die beiden Schlussabsätze haben dasselbe Ziel: eine Einladung zu einem Vorstellungsgespräch zu bewirken. Beide versuchen das über die Gedankenbrücke »persönliches Gespräch verschafft ein besseres Bild von der Bewerberin«. Aber die Formulierungen sind trotz desselben Ziels und desselben Grundgedankens ganz unterschiedlich. Und der Stil der beiden Absätze? Sie werden »angemessen« oder »nichts auszusetzen« oder »gut« sagen.

Und nun sehen Sie sich bitte mit mir an, was der (nahezu unentbehrliche) Dudenband »Richtiges und gutes Deutsch« zu dem in unseren Beispieltexten gebrauchten Wort »zum« sagt. Wir erfahren, dass es eine Verschmelzung von »zu« und »dem« ist.

Im ersten Satz war von der »Literatur zum guten Deutsch«, also »zu dem guten Deutsch«, im zweiten Satz vom allgemeinen »Wissen vom guten Stil«, also »von dem guten Stil«, die Rede. Demnach gibt es nur *ein*, nämlich *das* gute Deutsch und nur *einen* guten, nämlich *den* guten Stil.

»Irrtum!«, wenden Sie ein. Richtig: Irrtum. Ob eine Romanseite, ein Bewerbungsbrief, eine Gebrauchsanleitung, ein politischer Aufruf … alle Texte können in diesem oder jenem guten Stil geschrieben werden. Wie also ändern, damit nicht der falsche Eindruck entsteht, dass es nur »das« gute Deutsch und »den« guten Stil gebe?

Die Literatur zu gutem Deutsch ist unüberschaubar, wie jeder merkt, der auf diesem Feld auch ein wenig herumschnuppert.

Beides – das allgemeine Wissen von gutem Stil und die Ergebnisse der wissenschaftlichen Diskussion – sind in die Neufassung von »Wie schreibt man gutes Deutsch?« eingeflossen.

Natürlich muss es auch in meinem dritten Absatz dieses Textes »Wenn von gutem Deutsch die Rede ist« heißen. Verzeihen Sie mir bitte die kleine Irreführung.

Und noch eine Kleinigkeit zu dem ersten Dudentext. Im ersten Absatz dieser Aufgabenlösung habe ich geschrieben: »Andere intelligente Menschen, die sich weniger professionell mit dem Fach ›Deutsch‹ beschäftigen müssen, denken über gutes Deutsch wahrscheinlich weniger nach, aber sie interessieren sich auch dafür und ...« Was sagt das »auch«? Dass es neben den Profis Menschen gibt, die sich – ebenfalls – mit gutem Deutsch beschäftigen.

Und wie ist das mit dem »auch« des Dudensatzes? Es kann sich nicht auf eine andere Gruppe beziehen, es hängt inhaltlich in der Luft.

## 61 Aus der Politik

**D**er »Standort Deutschland« war lange eine Hauptvokabel im Kampf der Parteien und Parteiungen. Es ging mit Deutschland in dieser oder jener Beziehung nicht mehr vorwärts oder vielleicht sogar bergab, und jede politische Gruppe gab dieser oder jener anderen die Schuld. Eine der Konfrontationen hieß »Ossis – Wessis«. Da hieß es in einer Fernsehsendung:

> 80 Prozent der Ossis und Wessis gaben sich gegenseitig die Schuld am Standort Deutschland.

Woran, bitte, hatten die anderen – und nur die anderen natürlich – die Schuld?

Zu den beklagten Zuständen in Deutschland gehörte, wie schon oft und lange, die wachsende Arbeitslosigkeit. Dieser Sachverhalt ließ die Bundesanstalt für Arbeit optimistisch Folgendes erklären:

Das sind Herausforderungen; die sind auf jeden Fall machbar.

Machbar oder nicht? Wie war das mit diesen Herausforderungen, die ja nach wie vor harte Herausforderungen sind?

Sicher, die Angliederung des deutschen Ostens hatte viel Geld gekostet, und man wusste, sie würde weiterhin viel Geld kosten. Aber da gab es ja einen währungspolitischen Lichtblick, der sich vielleicht zu einer helleren Zukunft entwickeln würde. Ein Spitzenpolitiker:

> Wir haben all die Jahre gehofft, dass wir einmal eine europäische Währungsunion bekommen würden. Diese Hoffnung wird heute wahr.

*Wurde* sie wahr, diese Hoffnung?

## 61 Aus der Politik

Hatten nun die Ossis oder die Wessis Recht, als sie sich gegenseitig die Schuld gaben. Woran?

80 Prozent der Ossis und Wessis gaben sich gegenseitig die Schuld am Standort Deutschland.

Also woran nun wirklich? Daran, dass Deutschland einen Standort hat, oder daran, dass er hier in Deutschland ist? Kaum. Gemeint war wohl die wirtschaftliche Entwicklung oder die Steuerpraxis des Standorts Deutschland. Und wenn man das vielleicht nicht so genau ausdrücken wollte, um sich davor zu bewahren, vom politischen Gegner *fest*gelegt und *wider*legt zu werden?

Die Ossis und die Wessis gaben sich gegenseitig zu 80 Prozent die Schuld daran, dass der Standort Deutschland so viel von seiner ursprünglichen Attraktivität verloren habe.

Oder:

Die Ossis und Wessis gaben sich gegenseitig zu 80 Prozent
die Schuld am Image- und Wertverlust des Standortes
Deutschland.

Es ist einfach schludriges Denken, wenn man Teile dessen, was
vernünftigerweise zu sagen ist, großzügig weglässt. Ist es nicht
auch eine Missachtung der Lesenden und Zuhörenden? Auf jeden Fall ist Derartiges um sich greifendes verkürzendes Denken für alle, die es besser wissen und können, eine Herausfor-
derung. Womit wir beim nächsten Beispiel wären.

Das sind Herausforderungen; die sind auf jeden Fall machbar.

Was für die Bundesanstalt für Arbeit alles machbar war, haben
wir inzwischen erfahren. Dazu gehören auch solche Sätze.

Selbstverständlich waren die gemeinten Herausforderungen
nicht nur machbar – es gab sie sogar. Ihre Machbarkeit, mo-
derne Leute würden »Erstellung« sagen, stand außer Frage.
Was konnte angesichts sinkenden Wirtschaftswachstums und
wachsender Arbeitslosigkeit nur gemeint sein?

Das sind Herausforderungen, denen wir uns auf jeden Fall
stellen müssen.

Auch hier war ein Denken am Werk, das ein Aussageziel
ansteuerte, es aber nicht ganz erreichte. Dürfen wir in der Hinsicht für die Zukunft mehr Hoffnung haben?

Wir haben all die Jahre gehofft, dass wir einmal eine europäische Währungsunion bekommen würden. Diese Hoffnung wird heute wahr.

Aber, aber: War diese Hoffnung nicht schon immer wahr, all
die Jahre hindurch? Das steht doch im ersten Teil des Satzes.

Die Wahrheit ist: Man, eben die Befürworter, hatte all die Jahre gehofft, dass wir einmal eine europäische Währungsunion bekommen würden. Nun hatte sich die Wirklichkeit der Hoffnung angepasst: Die Währungsunion war beschlossene Sache.

Wir haben all die Jahre gehofft, dass wir einmal eine europäische Währungsunion bekommen würden. Diese Hoffnung hat sich heute erfüllt.

Art der Fehler: **inhaltsentstellendes Formulieren**.

## 62 Langzeitgedächtnis gefragt

*Ein* Fehler, den wir leicht im Sinne dieses Buches machen können, ist von besonders tückischer Art, er verkriecht sich geradezu: indem er sich zweiteilt und so die entdeckende Zusammenschau erschwert.

In dem sehr schönen, vielseitigen, als Geschenk besonders gut geeigneten dtv-Taschenbuch »Glück«, erschienen im Mai 2002, hat die Herausgeberin, Andrea Löhndorf, in ihrem Vorwort geschrieben:

Glück lässt sich weder für die Zukunft planen, noch lässt es sich erinnern, es ist nur im jeweiligen Augenblick erfahrbar.

Dem ersten großen Abschnitt – Genießen: Das Glück der Sinne – ist ein Satz von Max Frisch vorangestellt:

Glück ist das lichterlohe Bewusstsein: Diesen Augenblick wirst du niemals vergessen.

Lässt sich das Glück, das wir erfahren, nun nicht erinnern und ist also nur im jeweiligen Augenblick erfahrbar, oder werden wir das erfahrene Glück, diesen Augenblick, niemals vergessen?

Allerdings sind Widersprüche dieser Art in sich wiederum ein Glücksfall: weil sie uns, wenn sie uns auffallen, dazu anregen, vielleicht zwingen, darüber nachzudenken.

Vielleicht ist Glück immer nur das Glück eines Augenblicks. »Wenn man Glück hat ...« (Hilde Domin), und husch – schon vorbei. Vielleicht ist aber dieses Glück des Augenblicks auch der Auslöser eines weiteren, wieder und wieder realisierbaren Glücksgefühls in der Wiege der Erinnerung. Und vielleicht ist sogar das Erinnerungsglück größer, wichtiger, tiefer gehend als das Augenblicksglück?

Ein anderer Gedanke: Was ist der Augenblick? Eine gedachte Linie zwischen Vergangenheit und Zukunft – also ein imaginärer Zeitbegriff ohne Realität. Oder?

Noch ein anderer Fall: In dem Econ-Buch »ganz einfach fit!« am Ende eines Einleitungskapitels zu dem Thema »Gewicht und Ernährung« schreibt einer der beiden Autoren, Porter Shimer, den klugen Satz:

Kampf ist das Vorzeichen der Niederlage.

Er plädiert für Geduld, wenn das Körpergewicht verringert werden soll. Crashdiäten bringen nichts. Sieben Seiten weiter lesen wir:

Aber wenn wir das schaffen wollen, müssen wir den Kampf aus der Turnhalle in die Küche verlegen.

Nicht, wie lange gern gelaubt, durch Sport und Sport und noch mal Sport, sondern vor allem durch richtige Ernährung können wir unseren Körper in die richtige, in eine angemessene Form bringen.

Jede Aussage für sich klingt gut. Aber was nun: Kein Kampf oder doch Kampf? Ist der Kampf um Gewichtsreduktion das

Vorzeichen der Niederlage? Oder müssen wir den Kampf doch aufnehmen, nur eben nicht auf dem Sportplatz, sondern in der Küche?

Wie hätte sich der Widerspruch vermeiden lassen?

## 62 Langzeitgedächtnis gefragt

**N**och einmal: Wie war das bitte mit dem Nichtkampf oder Kampf bei dem Versuch abzuspecken?

> Kampf ist das Vorzeichen der Niederlage.

> Aber wenn wir das schaffen wollen, müssen wir den Kampf aus der Turnhalle in die Küche verlegen.

Wie können wir den sprachlichen, in diesem Fall den formalen Widerspruch auflösen und so den richtigen Gedankengängen des Autors »zum Sieg verhelfen«?

> Kampf ist das Vorzeichen der Niederlage.

Hier würde ich das Wort »Kampf« stehen lassen. Es ist im Zusammenhang mit dem Versuch, Gewicht abzubauen, oder auch in Verbindung mit dem Versuch, eine Krankheit zu überwinden, besonders wichtig: als ungeeignetes Konzept.

> Aber wenn wir das schaffen wollen, müssen wir den sinnvollen Umgang mit unserem Übergewicht aus der Turnhalle in die Küche verlegen.

Es sollte hier keinen Kampf geben – den verliert man in der Regel –, sondern eine kluge, eine gut überlegte Umstellung einer wenig sinnvollen, aber gewohnten Kost auf eine sinnvollere

183

veränderte Kost. Natürlich brauchen wir dazu einige schätzenswerte, wichtige Eigenschaften, vor allem: Intelligenz und Geduld, auch Neugier. Kampf dagegen wäre der Anfang eines unrühmlichen Endes.

Als ich Lehrling in einer Rechtsanwaltspraxis war, fiel mir in einem langen Schriftsatz Folgendes auf: Mein Chef hatte vehement versucht, einen Brandschaden, den sein Mandant in seiner Mietwohnung verursacht haben sollte, auf fast nichts herunterzuspielen. So auf den ersten Seiten. Dann aber stieß ich unvermutet auf eine Textstelle, die besagte, dass es überhaupt keinen Brandschaden gegeben habe. – »So«, dachte ich mir, »geht es ja wohl nicht.« Natürlich ging es so nicht, und mein Chef korrigierte ganz schnell, nachdem ich ihn auf die brüchtige Stelle aufmerksam gemacht hatte.

Wie konnte das Missgeschick überhaupt passieren? Der Rechtsanwalt war zunächst von der Entwicklung und Situation ausgegangen, wie sein Mandant das Ganze geschildert hatte. Dann aber war ihm offenbar eine viel bessere Idee in den Sinn gekommen, und ehe er sein Gedächtnis um Erlaubnis gebeten hatte, war die bessere Idee auch schon schriftlich realisiert – aber leider, ohne die überwundene Idee zu tilgen.

Dem berühmten Kriminalschriftsteller George Simenon wurde Folgendes nachgesagt: Bevor er einen neuen Roman begann, ließ er sich von seinem Hausarzt gründlich untersuchen. Seine Frage war: Kann ich eine Woche intensiver Arbeit, mit ganz wenig Schlaf, gesundheitlich überstehen, und das auch, ohne Schaden zu nehmen? Warum das? Weil er seinen jeweils neuen Roman innerhalb einer Woche fertig haben wollte: Nur so erschien es ihm möglich, alle Fäden in der Hand – im Kopf – zu behalten und keinerlei Widersprüche aufkommen zu lassen und zu übersehen.

## 63 Wer sucht, der findet – manchmal

Was Personalsuchende in allen Fällen erwarten, ist klares Denken. Es wird sogar als selbstverständlich vorausgesetzt und deshalb meistens gar nicht erwähnt. Wer zum Beispiel Konzeptionen erarbeiten und umsetzen soll, wer ein abgeschlossenes Hochschulstudium mitbringen muss, wer geschickt Verhandlungen zu führen haben wird ..., von dem ist zweifellos klares Denken zu erwarten.

Bei diesem Sachverhalt ist Personalsuchern zu empfehlen, Anzeigentexte daraufhin zu prüfen, ob sie frei von Denkfehlern sind. Mit falschen Kodierungen – falschen Umsetzungen von Gemeintem in Geschriebenes – stellt man sich selbst ein ziemlich schlechtes Zeugnis aus. Ein kleiner Druckfehler ist da schon eher zu verzeihen.

Zum nächstmöglichen Zeitpunkt suchen wir in unserer Verbandsgeschäftsstelle zwei

**Referentinnen / Referenten**

für unsere Abteilungen »Verträge« und »Revision«.

Bitte nehmen Sie den Inserenten beim Wort!

# 63 Wer sucht, der findet – manchmal

In diesem Fall sind, dem geltenden Recht folgend, beide Geschlechter berücksichtigt:

> Zum nächstmöglichen Zeitpunkt suchen wir in unserer Verbandsgeschäftsstelle zwei
>
> **Referentinnen / Referenten**
>
> für unsere Abteilungen »Verträge« und »Revision«.

Aber – da wird man so lange suchen können, wie die Geduld reicht: Es wird vergeblich sein. Vielleicht findet man ja die gesuchten Fachkräfte, aber es wären dann solche, die man schon hat. Allerdings – dass in der Geschäftsstelle des Inserierenden zusätzliche Fachkräfte dieser Art zu finden sind, ist unwahrscheinlich.

Vielleicht hat sich der Textprofi zu dem falschen »in« verleiten lassen, statt ein richtiges »für« zu wählen, weil »für« schon in Verbindung mit den Abteilungen vergeben ist, also eine Wortwiederholung wäre. Wer dagegen empfindlich ist, muss also *ein* »für« beseitigen. Wie? Beispielsweise so:

> Zum nächstmöglichen Zeitpunkt suchen wir für unsere Abteilungen »Verträge« und »Revision« in unserer Verbandsgeschäftsstelle zwei
>
> **Referentinnen / Referenten**.

Nun kann das »in« wohl nicht mehr falsch zugeordnet werden, weil es nicht mehr in unmittelbarer Nachbarschaft von »suchen« steht. Falls jemanden die Wiederholung »unsere ... unserer« stört, so gibt es auch dafür Verbesserungsmöglichkeiten, etwa:

Zum nächstmöglichen Zeitpunkt suchen wir für unsere Verbandsgeschäftsstelle zwei

**Referentinnen / Referenten,**

die in den Abteilungen »Verträge« und »Revision« anspruchsvolle Augaben übernehmen sollen.

Auch professionelles Suchen will gelernt sein. Und vor allem: Gerade als Profi tut man gut daran, vor Denk- und damit Textfehlern auf der Hut zu sein. Die erarbeitete Routine lässt uns alle, die wir viel zu schreiben haben, leicht unbekümmert und leichtsinnig werden.

## 64 Denkbar?

In einer großen Tageszeitung war ein kleiner Artikel über »Messies« zu lesen, der den Kerninhalt einer Fernsehsendung wiedergab. Der Anfang des Textes:

»Messies«, von englisch »mess« (Unordnung), nennt man Menschen, die partout nichts wegwerfen können und in deren Wohnungen folglich ein heilloses Chaos herrscht, und natürlich treffen die sich anonym.

Gerade in diesen Tagen, da ich dies schreibe, sind – laut Fernsehbericht – zwei junge Leute aus ihrer Mietwohnung entflohen. Sie konnten dort kaum noch einen Fuß vor den anderen setzen: Müll jeglicher Art, vor allem Essensreste, machten weiteres Bewohnen dieser Behausung nahezu unmöglich. Nicht zuletzt war der Gestank kaum noch auszuhalten.

Aber in unserem Beispielsatz, der das Grundsätzliche dieser »Sucht« beschreibt, steckt ein Denkfehler. Finden Sie ihn?

# 64 Denkbar?

**W**enn ich sage »Er kann nichts wegwerfen, und in seiner Wohnung herrscht ein heilloses Chaos«, so ist daraus zu schließen, dass er erstens nichts wegwerfen kann und zweitens keine Ordnung herstellen und halten kann. Es ist natürlich auch denkbar, dass jemand zwar nichts wegwerfen, aber sehr wohl Ordnung herstellen und halten kann. Das bedeutet dann: Er kann nichts wegwerfen und macht sich eine Menge Arbeit mit dem Ordnungherstellen und Ordnunghalten. Je mehr er zusammenträgt, desto mehr Odnungsarbeit muss er leisten.

(Das geht übrigens vielen Menschen so: Vor allem, viele, die den Zweiten Weltkrieg erlebt haben, neigen dazu, alles aufzubewahren. Da es im Krieg nicht genug zu essen gab und die meisten anderen Dinge ebenfalls knapp waren, blieb gar nichts weiter übrig, als das, was man ergattern oder durch Zufall bekommen konnte, sorgfältig aufzuheben. Nicht wenige dieser Menschen hatten nach dem Krieg große Mühe damit, diese Hamsterpraxis aufzugeben; nicht wenigen ergeht es noch heute so; nicht wenige haben diese Verhaltensweise – ja nichts wegwerfen! – erziehend auf ihre Kinder übertragen.)

Zurück zu unserem Satz aus der Zeitung. *Ein* Wort macht die Aussage falsch: folglich. Denn dass einer in seiner Wohnung Chaos veranstaltet, das ist nicht mit Notwendigkeit eine Folge seiner Sammelleidenschaft und seiner Unfähigkeit, etwas wegzuwerfen. In dem erwähnten Film wurde zum Beispiel ein Mann gezeigt, der zwar nichts wegwarf, aber den ganzen Krempel mit Kisten und Kästen und mithilfe eines PCs so aufbewahrte, dass er jedes Stück – ob einen Schnürsenkel oder einen Bleistiftspitzer – blitzschnell hervorzaubern konnte. Kurios und ein bisschen sinnlos vielleicht, aber ordentlich war und ist dieser Mann zweifellos.

Wie schlecht hier gedacht worden ist, zeigt auch der Schluss des Satzes: »und natürlich treffen die sich anonym.« Davon, dass sich die Messies treffen, war noch gar nicht die Rede; mit dem »und« beginnt ein neuer, ein ganz anderer Gedanke. Es hätte zum Beispiel so weitergehen können:

Wie andere Süchtige, so pflegen viele Messies an Treffen von Selbsthilfegruppen teilzunehmen – anonym.

Und noch ein Denkfehler, der allerdings nicht dem Journalisten zuzuschreiben ist, sondern denen, die das besprochene Phänomen entdeckt, geprüft, besprochen haben. Es heißt dann nämlich, in der Münchener Uniklinik spreche man »sinnigerweise vom ›Diogenessyndrom‹«.

Nun hat der kynische Philosoph Diogenes im alten Griechenland etwas ganz anderes als die Messies gemacht, sogar das Gegenteil. Diogenes – Schüler des Antisthenes – hing dem Prinzip der Bedürfnislosigkeit an. Nichts hat er gesammelt, nichts aufbewahrt. Er wohnte bekanntlich in einer Tonne. Nach einer Anekdote war der einzige Gegenstand, den er besaß, eine Kürbisschale, aus der er trank. Als er jedoch dabei zugesehen hatte, wie ein Hund ohne Schale getrunken hatte, war ihm klar, dass er auch seine Kürbisschale nicht brauchte. Er warf sie weg. In seiner Tonne war also nichts anderes enthalten als er selbst. In der Wohnung oder im Haus der Messies sind dagegen hunderterlei Dinge – von Nahrungsmittelresten bis zu Fahrradschläuchen, alten Zeitungen … Wieso also könnte Diogenes der Patron der Messies sein?

Halten wir fest: Aus der Unfähigkeit, etwas wegzuwerfen, folgt nicht die Unfähigkeit, Ordnung zu halten. Viele Menschen sind geradezu deshalb sehr ordentlich, *weil* sie »nichts wegwerfen können«. Die Sammellust fordert geradezu das Ordnunghalten. Dass manche Menschen – aber eben nur manche – beides nicht können (wegwerfen, Ordnung halten), ist ein Sonderfall. Die eine Unfähigkeit darf also keineswegs mit einem »folglich« an die andere gekettet werden.

189

# Verständlichkeit

# Immer noch Briefaltertümer?

**V**iele Logik- und Kodierungsfehler sind darauf zurückzuführen, dass umständlich formuliert wird. Kurze und mittellange Sätze sind leichter zu überblicken und zu kontrollieren als lange, verschachtelte Sätze. Nichts gegen lange Sätze, sofern sie richtig gebaut sind und den Lesenden keine Rätsel aufgeben! Kritik an langen Sätzen ist aber dann berechtigt, wenn sie – zumal in Gebrauchstexten – zu oberflächlicher Aufnahme verführen oder zu mehrfachem Lesen zwingen.

Schwer aufnehmbare Texte sind nicht nur für die Schreibenden eine besondere Gefahr, Fehler zu machen, sondern auch für die Lesenden, zumal Gebrauchstexte in der Regel sehr schnell gelesen werden und gelesen werden sollen. Oft wird dabei etwas »herausgelesen«, was gar nicht enthalten ist; so entstehen also auch bei den Textempfängern gedankliche Fehler – Dekodierungsfehler; sie werden geradezu provoziert.

Nebenbei, aber keineswegs, weil es nebensächlich wäre: Umständliche Formulierungen verursachen im Allgemeinen auch unnötigen Aufwand. Mancherlei Floskeln, aus alten Zeiten überliefert, tragen dazu bei. Unnötiger Aufwand in Gebrauchstexten – zum Beispiel bei Geschäftsbriefen, Berichten, Fachartikeln – bedeutet zugleich Verlust an Arbeitszeit und damit auch Geldverlust. Weder für Unternehmen noch für Behörden noch für den Einzelnen erstrebenswert.

Es ist schon verwunderlich, dass so manche Uraltschätzchen nach wie vor häufig benutzt werden. So schreibt eine große Kreditanstalt noch immer:

Wir hoffen, Ihnen mit diesen Angaben gedient zu haben und verbleiben

mit freundlichen Grüßen

Dass dabei auch der übliche Kommafehler mitgeschleppt wird – das nur nebenbei. Hinter »gedient zu haben« ist die Infinitivgruppe beendet; mit »und verbleiben« wird der Hauptsatz fortgesetzt, also: Komma! Aber ist das Komma bei Infinitivgruppen im neuen Regelwerk der deutschen Rechtschreibung nicht freigestellt? Ja, ist es. Aber dann darf natürlich am Anfang der Grundformgruppe auch kein Komma stehen.

Am Ende eines Briefes einer großen Wohnungsverwaltungsfirma, an eine einzelne Person gerichtet, am 15. Juni 2002 geschrieben, steht:

In Erwartung Ihres zahlreichen Erscheinens verbleiben wir

mit freundlichen Grüßen

Auch hier ein Floskelschluss, der aber auch noch unlogisch ist, denn wie soll der Empfänger wohl zahlreich erscheinen?

## Vereinbarte Ratenzahlung versäumt

Hier nun ein ganzer Brief aus der Neuzeit der deutschen Handelskorrespondenz:

Zu unserem größten Bedauern müssen wir feststellen, dass Sie auf die mit uns getroffene Vereinbarung, die in Rede stehende Angelegenheit durch Zahlung von zwei Beträgen à 150,– Euro, wobei die zweite Rate bis spätestens 10.8. gezahlt werden sollte, bisher lediglich einen Betrag von 15o Euro per Scheck überwiesen haben.
Wir müssen dieses Verhalten außerordentlich bedauern, zu-

mal wir unsererseits auf Ihren Wunsch hin von einer Umschreibung des Titels auf uns sowie von einer erneuten Zwangsvollstreckung Abstand genommen haben.

Unter den gegebenen Umständen ist es uns vollkommen unverständlich, warum Sie nunmehr das in Sie gesetzte Vertrauen, diese leidige Sache außergerichtlich beizulegen, missbrauchen und uns somit zwingen, dieses Verfahren wegen dieses an sich geringen Betrages nochmals aufzugreifen, falls Sie Ihrer Zahlungsverpflichtung nicht umgehend nachkommen.

Haben Sie Lust und die Kraft, dieses Schreiben – Brief kann man den Text kaum nennen – einmal Stück für Stück zu prüfen und zu kritisieren und schließlich neu zu formulieren?

## Kritik und Hinweise zur Verbesserung

Statt den Text hier als Ganzen zu wiederholen, werde ich ihn stückweise wiederholen, der Kritik an den einzelnen Teile entsprechend.

Zu unserem größten Bedauern müssen wir feststellen, …

Dass jemand, der auf sein Geld wartet, das Ausbleiben des Geldes bedauert, versteht sich von selbst. Dass er in einem Brief etwas feststellt, ebenfalls. Die Einleitung ist überflüssig; sie hat außerdem den Nachteil, dass sie den ersten Satz unnötig verlängert und den Hauptsatz dieses Gebildes einnimmt, dabei Wichtigeres in Nebensätze abdrängt.

dass Sie auf die mit uns getroffene Vereinbarung, die in Rede stehende Angelegenheit durch Zahlung von zwei Beträgen à 150,– Euro, wobei die zweite Rate bis spätestens 10.8. gezahlt werden sollte, bisher lediglich einen Betrag von 15o Euro per Scheck überwiesen haben.

Die Infinitivgruppe »die in Rede stehende ...« ist umständlich formuliert und verlängert dadurch den ohnehin langen Satz. Wichtiger aber ist, dass sie kein Ende findet. Kann man es dem Schreiber verdenken, dass er bei der Formulierung dieses Satzmonstrums den Überblick verloren hat?

Das »wobei« hängt in der Luft; es müsste sich auf eine Handlung, auf ein Verb beziehen, das aber taucht nirgendwo auf.

Die Datumsschreibweise ist DIN-widrig, und in Geschäftsbriefen sollte die DIN 5008 schon gelten.

In »15o Euro« sollte eine 0 stehen, kein kleines o.

Wie macht man das: per Scheck überweisen?

Wir müssen dieses Verhalten außerordentlich bedauern, zumal wir unsererseits auf Ihren Wunsch hin von einer Umschreibung des Titels auf uns sowie von einer erneuten Zwangsvollstreckung Abstand genommen haben.

Schon wieder muss der Schreiber bedauern, um dann die Vergangenheit weitschweifig anhängen zu können.

Unter den gegebenen Umständen ist es uns vollkommen unverständlich, warum Sie nunmehr das in Sie gesetzte Vertrauen, diese leidige Sache außergerichtlich beizulegen, missbrauchen ...

Wieso ist es vollkommen unverständlich, dass jemand, der offenbar kein Geld hat, nicht zahlt? Und hier das missbrauchte Vertrauen ins Spiel zu bringen – Geschmackssache. Wie oft mag jeden Tag eine fällige Zahlung nicht geleistet werden! Wenn man da jedes Mal den moralischen Zeigefinger erheben wollte ...

... und uns somit zwingen, dieses Verfahren wegen dieses an sich geringen Betrages nochmals aufzugreifen, falls Sie Ihrer Zahlungsverpflichtung nicht umgehend nachkommen.

Wer zwingt uns eigentlich? Lasse ich mich durch einen Schuldner zu einem aufwendigen Verfahren zwingen, wenn ich weiß, dass es nur Arbeit und Kosten, höchstwahrscheinlich aber nicht den gewünschten Erfolg bringen wird?

Offenbar soll dieses Schreiben die letzte Mahnung vor dem Gang zum Gericht sein. Ist es da nicht zweckmäßig, klare Verhältnisse zu schaffen? Was heißt »nicht umgehend nachkommen«? Was bedeutet »umgehend«: auf der Stelle, innerhalb von drei Tagen, innerhalb einer Woche?

Diese völlig verkorksten Text in eine vernünftige Fassung zu bringen, das ist gar nicht so leicht. Hier ein Vorschlag:

> Sie hatten mit uns vereinbart, dass Sie Ihre Schulden in der Form von zwei 150-Euro-Raten begleichen würden. Die erste Rate haben wir erhalten – danke! –, die zweite, die am 10. August fällig war, leider nicht.

> Wir sind Ihnen mehrfach weit entgegengekommen, um die Sache außergerichtlich regeln zu können. Ohne Erfolg. Wenn die fehlenden 150 Euro bis zum 30. August nicht auf unserem Konto gebucht sind, werden wir den Rechtsweg gehen.

Die letzte Formulierung ist besser als die übliche Wendung »zehn Tage nach Eingang dieses Briefes« o. Ä. Solche Formulierungen enthalten immer einen nicht genau berechenbaren Spielraum, sodass man stets – vorsichtshalber – ein paar Tage zugeben muss.

## Vorstellung einer neuen Mitarbeiterin

Der folgende kurze Brief wurde in den 90er Jahren in einer großen Versicherungsgesellschaft geschrieben. Er ist kurz, übersichtlich und leicht zu verstehen. Aber er enthält einen Denkfehler und ein paar stilistisch schwache Stellen. Die allgemeine Anrede lässt erkennen, dass es sich um einen Brief handelt, der für mehrere oder viele Empfänger gedacht war.

Ihre Versicherungsverträge

Sehr geehrte Kundin,
sehr geehrter Kunde,

nachdem Herr ... aus den Diensten unserer Gesellschaft ausgeschieden ist, können wir Ihnen ab 1.7.1996

Frau
...

als Ihre neue Ansprechpartnerin in allen Versicherungs-fragen vorstellen.

Frau ... wird sich in nächster Zeit auch einmal persönlich bei Ihnen vorstellen.

Wir würden uns freuen, wenn Sie Frau ... ebenso wie ihrem Vorgänger Ihr Vertrauen entgegenbringen würden.

Mit der Hoffnung auf eine weitere zufriedene Partnerschaft verbleiben wir

mit freundlichen Grüßen


## Und wie verbessern?

Die Allerweltsanrede muss nicht sein. Es ist nun technisch wirklich kein Problem mehr, den jeweiligen Namen einzuset-zen, und das klingt – in einem solchen Brief besonders wichtig – sehr viel persönlicher.

Ich finde es zweckmäßiger, mit dem neuen Angebot statt mit der abgeschlossenen Vergangenheit zu beginnen.

Man will Frau ... ab 1.7.1996 vorstellen. Eine langwierige Vorstellung wäre das. Gemeint ist, dass sich Frau ... *ab* ... den Aufgaben widmet, die vorher Herr X wahrgenommen hat. Oder: dass Frau ... *am* ... diese Aufgaben übernimmt.

Das zweimalige »vorstellen« kurz hintereinander muss nicht sein. Das »auch einmal persönlich bei Ihnen vorstellen« wirkt ein bisschen zu beiläufig.

Die alte Stilschwäche »würden ... würden« besser vermeiden!

Die »zufriedene Partnerschaft« gefällt mir nicht so recht (vielleicht Geschmackssache); »zufriedene Kunden« – ja, aber – Partnerschaft?

Der Schluss »verbleiben wir« ist eine Uraltfloskel.

Wie könnte der Brief lauten, wenn Sie diese Kritik berücksichtigen? Zum Vergleichen:

Ihre Versicherungsverträge


Sehr geehrte ...,

ab 1. Juli 1996 wird Frau ... Ihre neue Ansprechpartnerin in allen Versicherungsfragen sein, nachdem Herr ... aus den Diensten unserer Gesellschaft ausgeschieden ist.

Sie wird sich in nächster Zeit, nach telefonischer Vereinbarung, persönlich bei Ihnen vorstellen.

Bitte bringen Sie Frau ... das gleiche Vertrauen entgegen wie ihrem Vorgänger; sie wird es sich verdienen.

Auf weitere gute Partnerschaft!

Mit freundlichen Grüßen

Die Formulierung »nachdem Herr ... aus den Diensten unserer Gesellschaft ausgeschieden ist« habe ich nicht geändert, weil sie vielleicht in dieser neutralen Form angebracht und beabsichtigt war. Wenn es in einem solchen Fall einen plausiblen, nicht negativen Grund gibt, ist es allerdings besser, ihn zu nennen. Zum Beispiel:

nachdem Herr ..., wie Sie wissen, in den verdienten Ruhestand getreten ist.

da Herr ... unsere Gesellschaft verlassen hat, um seine Praxiserfahrung noch durch ein einschlägiges Studium auszubauen und zu untermauern.

Das Beispiel zeigt: Auch ein kleiner Brief stellt Ansprüche.


## Letzte Mahnung

Wenn jemand über einen Mahnbrief »2. Mahnung« schreibt, weiß der Empfänger, dass es noch eine dritte geben wird. Also darf er sich weiter Zeit lassen. Zahlungserinnerungen sollten so formuliert werden, dass sie in der Sache klar, im Ton höflich und in der Form in gutem Sinne auffallend sind.

Sehr geehrter Herr ...,

zu unserem Bedauern müssen wir Ihnen mitteilen, dass Sie den o.g. Betrag trotz mehrfacher Mahnung nicht überwiesen haben. Sollten Sie diese letzte Mahnung ebenfalls unbeachtet lassen, würden wir uns leider gezwungen sehen, den Rechtsweg zu beschreiten.

Hiermit fordern wir Sie noch einmal zu sofortiger Zahlung auf. Als spätesten Termin setzen wir den 2.7.2003 fest.

Hochachtungsvoll

Was ist überflüssig? Was ist inhaltlich schlecht?

# Kritik

Erster Satz: Nebensächliches, ja Überflüssiges füllt den Hauptsatz, die notwendige Feststellung erscheint abgedrängt im Nebensatz. Am Rande: Mehrteilige Abkürzungen werden, bis auf wenige Ausnahmen (z. B. usw.) durch Leerzeichen getrennt. In diesem Fall also: o. g.

Zweiter Satz: Wieso lässt sich der Mahner zwingen? Wenn der ausstehende Betrag den Aufwand nicht lohnt, würde ich nicht mehr mahnen, mich also nicht zu etwas zwingen lassen, was für mich nur Nachteile brächte.

Dritter Satz: Womit denn sonst, wenn nicht »hiermit«?

Vierter Satz: Ist der 2.7.2003 nun der letzte Zahlungstermin, also Überweisungstermin, oder soll der fehlende Betrag an diesem Tag beim Gläubiger eingegangen sein? Auch eine Formulierung wie »Bitte überweisen Sie spätestens ...« wäre schlecht, denn dann müsste der Gläubiger mit ernsteren Maßnahmen mindestens noch vier oder fünf Tage warten (langer Überweisungsweg!).

Grußformel: Wer heute noch »Hochachtungsvoll« schreibt, deutet damit an, dass er dem anderen nun keine Hochachtung mehr entgegenbringt.

Erste Neufassung:

Unsere Rechnung ... über ... Euro
Unsere Mahnungen vom ... und vom ...


Sehr geehrter Herr ...,

auch unsere zweite Mahnung war erfolglos: Sie haben nicht überwiesen. Es wird uns daher nichts anderes als der Rechtsweg übrig bleiben.

Wenn Sie eine gerichtliche Auseinandersetzung, die zusätzliche Kosten für Sie verursacht, vermeiden wollen, sorgen Sie bitte dafür, dass der geschuldete Betrag spätestens am … auf unserem Konto eingegangen ist.

Mit freundlichem Gruß

Das ist ordentlich gesagt, ohne Schnörkel, mit klarem Termin. Brav.

Zweite Neufassung:

Unsere Rechnung … über … Euro
Unsere Mahnung vom … und vom …

Sehr geehrter Herr …,

Sie zahlen nicht, wir verzichten nicht auf den Gegenwert unserer Leistung. Was bleibt? – Der Rechtsweg.

Bitte vermeiden Sie diese Entwicklung. Bis zum … können Sie es.

Mit freundlichem Gruß

Das ist ein moderner, auffallender Brief, der sich von dem üblichen Mahngeschrei deutlich abhebt. Die Wirkung beruht auf dem eindeutigen Inhalt, auf der straffen Gedankenführung, auf der ungewöhnlichen Satzbildung.

Was für Sätze sind in diesem kurzen Text verwandt?

Hauptsatz
Hauptsatz
Fragesatz
Verkürzter Hauptsatz

Aufforderungssatz
Hauptsatz

Und eine der üblichen Grußformeln – Mit freundlichem Gruß – besagt: Wir haben nichts gegen Sie, wir halten Sie auch nicht für eine Art »Gauner«, wir möchten nur das uns zustehende Geld von Ihnen bekommen.

In seiner 1951 erschienenen »Stilfibel« wetterte Ludwig Reiners gegen die Schwerverständlichkeit. Eins seiner vielen Beispiele:

> Was die Entscheidung über Fragen einer Erhöhung der vorgesehenen Kosten der Errichtung der Umfriedigung und die hierdurch gegebenenfalls nötige Erhöhung der Beanspruchung der Anlieger nach Maßgabe des Umfangs ihrer Beteiligung angeht, so bleibt dies weiterer Erwägung vorbehalten.

Nicht allein die Satzlänge ist des Übels Kern. Ein viel kürzeres Reiners-Beispiel, aber mit derselben Wirkung:

> Gegen die Ablehnung der Zulassung zur Eintragung oder gegen die Versagung eines Antragsscheines ist Einspruch zulässig.

1985 – Praxistexte aus meinem Duden-Taschenbuch »Wie formuliert man im Büro?«:

a) Das Voranstellen der Erhaltung des Lebens bedeutet gerade in der Unfallchirurgie die Bedeutung der Beachtung der Elementargefahr durch Störung des Kreislaufs und der Atmung.

b) Bei einer Übernahme der Zahlung durch Sie ab 1. Januar wird die Vermögensbildungs-Versicherung unter Beibehaltung der Versicherungssumme sowie der Monatsprämie, allerdings mit einer geringfügigen Reduzierung der Gewinnbeteiligung, an unseren Normaltarif angepasst.

c) Wenngleich die Zweckmäßigkeit bzw. die Wirksamkeit einer solchen Arbeitsmethode nicht überbewertet werden soll, scheint uns das Verfahren doch interessant genug, Anlass zu der Überlegung zu geben, ob Sie nicht Ihrerseits das betreffende Schema, gegebenenfalls auf die spezifischen Bedingungen Ihres Marktes zugeschnitten, übernehmen wollen.

d) Die anfänglichen Verfahren waren belastet mit mangelhafter diagnostischer Verwertbarkeit infolge des chemischen und kontrastgebenden Verhaltens der Präparate sowie deren Unverträglichkeit und auftretenden Nebenerscheinungen.

Das war 1951 und 1985. Inzwischen wird sich herumgesprochen haben: Texte, die informieren sollen, sind verständlicher zu formulieren. Und in Tausenden von Seminaren in Wirtschaft und Verwaltung wird auch die Fähigkeit, dies zu tun, allgemein wesentlich zugenommen haben.

Immer wieder sprechen und streiten Spitzenleute der politischen Parteien über die Körperschaftssteuer. 1998 heißt es in einem kleinen Wirtschaftslexikon für einfache Ansprüche zum Stichwort »Körperschaftssteuersysteme«:

Ausprägung der Berücksichtigung der von einer Kapitalgesellschaft gezahlten Körperschaftssteuer bei der einkommensteuerlichen Erfassung der von dieser gezahlten Dividende beim Anteilseigner.

Wir sehen: Die Jahrzehnte vergingen, aber man hat, was die Textverständlichkeit betrifft, »nichts verlernt«.

Sie möchten die Sätze a bis d als Übungsmaterial benutzen, sie verbessern? Hier ein paar Hilfen und Formulierungsvorschläge zum Vergleichen:

a) Das Verhältnis zwischen Substantiven und Verben ist 10:1. Und das eine Tätigkeitswort ist außerdem auch noch schwach: »bedeutet«.

Der Satz zeigt, dass es selbst für den Verfasser schwierig gewesen ist, sich zurechtzufinden. Bei »bedeutet ... die Bedeutung« ist er ins Stolpern geraten.

aa) Die Erhaltung des Lebens bedeutet gerade in der Unfallchirurgie: Vorrangig auf Kreislauf und Atmung achten!

aaa) »Das Leben erhalten!« Das bedeutet gerade in der Unfallchirurgie: Zuerst auf Kreislauf und Atmung achten!

b) Der arme Versicherungsnehmer – VN, wie er kurz genannt wird! Wie können wir ihn verständlicher informieren?

bb) Wenn Sie ab 1. Januar selbst zahlen, wird die Vermögensbildungs-Versicherung unserem Normaltarif angepasst. Versicherungssumme und Monatsprämie bleiben dabei gleich, die Gewinnbeteiligung wird geringfügig kleiner.

c) »Wenngleich die Zweckmäßigkeit bzw. die Wirksamkeit«: Was heißt hier »bzw.«? Sollen »Zweckmäßigkeit« und »Wirksamkeit« wirklich genau voneinander unterschieden werden, oder sind sie nur zufällig beide aufs Papier gerutscht?

Die Sache, um die es geht, wird einmal »Arbeitsmethode«, einmal »Verfahren«, einmal »Schema« genannt. Man überlegt sich, ob tatsächlich in jedem Fall dasselbe gemeint ist.

»scheint uns das Verfahren doch interessant genug, Anlass zu der Überlegung zu geben, ob Sie nicht ..., gegebenen-

205

falls …, … wollen«. Mehr Unsicherheiten lassen sich auf so engem Raum wohl kaum unterbringen.

Dazu kommen die bekannten Ärmelschonerausdrücke »Ihrerseits« und »gegebenenfalls«.

Diese Auskunft stammt von einem gut bezahlten Unternehmensberater.

cc) Wir wollen das Verfahren nicht überbewerten. Aber könnte es nicht – Ihren Marktbedingungen angepasst – doch von Nutzen sein?

d) Dieses Beispiel macht darauf aufmerksam, dass nicht nur ein Zuviel an Substantiven, sondern auch ein Zuviel an Beiwörtern die Verständlichkeit vermindern kann. Und besonders schädlich ist natürlich eine Kombination der beiden Übergewichte.

Außerdem erkennen wir auch hier, wie leicht in so schwerfälligen Sätzen etwas falsch wird, weil man die Übersicht verliert: »auftretenden Nebenerscheinungen« – falscher Fall.

dd) Die anfangs eingesetzten Verfahren ließen sich diagnostisch nur mangelhaft verwerten: Die Präparate reagierten chemisch ungünstig, zeigten schlechte Kontraste, waren unverträglich und führten zu ungünstigen Nebenerscheinungen.

Noch ein kleiner Brief aus dem Jahr 2003 gefällig? Eine große Automobilfirma lädt zur Besichtigung einer neuen Modellreihe ein. So:

Sehr geehrte Frau Bendlin,

in der Anlage erhalten Sie, die gewünschten Prospektunterlagen der »Neuen« 130-er Typreihe.

Die Vorstellung der »Neuen« 130-er Typreihe erfolgt

am 06. August

in unserem Hause.

Zur weiteren Beratung steht Ihnen Hr. K. Brehmer gerne zur Verfügung.

Mit freundlichen Grüßen

i. A. K. Brehmer

Kann man ein neues Auto korrekter, schwungvoller ankündigen?

## Kritik

Rechtschreibung: »Neuen« – das Adjektiv verlangt natürlich Kleinschreibung. Was sollen die Anführungszeichen? Die »130-er« Typreihe widerspricht sowohl den alten als auch den neuen Rechtschreibregeln. »Vor Nachsilben (Suffixen) steht nur dann ein Bindestrich, wenn sie mit einem Einzelbuchstaben verbunden werden (§ 41). 3fach-Belegung, 68er-Generation«. Soweit der Duden.

Zeichensetzung: Was soll das Komma hinter »Sie«?

Verstöße gegen die Schreibregeln: Drei Abstände zu groß. Einrückung zu kurz.

Stilmängel: »in der Anlage erhalten Sie« – Wiederholung beim Thema »Typreihe« – »erfolgt« – Was soll hier die 0 vor der 6? – Und die Abkürzung »Hr.« für »Herr«?

**Sehr geehrte Frau Bendlin,**

in wenigen Tagen können Sie die neue 130er Typreihe bei uns kennen lernen, bewundern, kritisch unter die Lupe nehmen. Genauer:

**am 6. August zwischen 9 und 17 Uhr.**

Damit Sie sich schon vorher ein Bild von »den Neuen« machen können, erhalten Sie mit diesem Brief ausführliche Unterlagen. Natürlich kann bedrucktes Papier die Wirklichkeit nicht ersetzen. Deshalb freuen wir uns auf Ihren Besuch.

Dass es dabei auch etwas Gutes für den Gaumen gibt, sind Sie ja von unseren Autopremieren gewohnt.

Freundlich grüßt Sie

Sie haben vorher noch Fragen? Herr Brehmer (Telefon: ...) berät Sie gern.

**Anlagen**

# Grammatik, Rechtschreibung, Zeichensetzung

# Lotteriespiel »Grammatik«

Zur Abwechslung einmal etwas ganz Leichtes zum Spaß-haben. Die »Staatliche Lotterie-Einnahme ...« verschickte eine Werbung, deren Umschlag folgenden Text enthielt:

WICHTIGE DOKUMENTE
– nur vom Adressat zu öffnen –

Es mag dem Lotterie-Einnehmer ja völlig wurscht sein, mit wel-cher Werbetextqualität er einnimmt; aber vielleicht wäre es doch sinnvoll, Werbetexte, die man an viele mögliche Interessenten verschickt, vorher einmal von jemandem lesen zu lassen, der mit seiner Muttersprache etwas besser vertraut ist als der Einnehmer. Oder?

Ein Blick in den Duden hätte genügt: **Adressat,** der; -en, -en. Und das bedeutet: der Adressat, des Adressaten, die Adressa-ten. Das Fremdwort wird gebeugt. Folglich:

– nur vom Adressaten zu öffnen –

Fehlerhaft, des Öfteren zu sehen, umgekehrt: dem Autoren, den Autoren. Richtig: der Autor, des Autors, dem Autor, den Autor.

Das Problemchen bei solchen Wörtern ist nicht die Unkennt-nis, sondern die Überheblichkeit. Nachschlagen im Duden? I wo! Weiß ich doch! Von wegen: weiß ich doch! Und so geht es ein ums andere Mal schief.

# Lotteriespiel »Rechtschreibung«

Weil's so leicht war, gleich noch etwas Leichtes hinterher, sodass wenigstens ein Doppelpack entsteht. Aus einer Autowerbung:

Gebrauchte zum gut finden

Ob wir Gebrauchte gut finden, hängt vermutlich von unseren Erfahrungen ab; ob wir einen Text gut finden, eher von unseren Kenntnissen. Wenn Sie mit diesem Kurztext nicht einverstanden wären, würde ich das gut finden. Also?

Einer der Reichtümer unserer Sprache besteht darin, dass wir aus jedem Nichthauptwort ein Hauptwort machen können.

Verb: werben – das Werben
Adjektiv: groß – das Große

Zahladjektiv: drei – die Drei

adjektivisch gebrauchte Partizipien: gelingend – das Gelingende, gelungen – das Gelungene

Adverb: gerne – das »Gerne« (Das »Gerne« in diesem Satz ist übertrieben.)

Präposition: auf, ab – das Auf und Ab

Konjunktion: wenn, aber – das Wenn und das Aber

Pronomen: du – das Du

Artikel: der – das Der (Das »Der« in diesem Satz – der Verdienst – ist falsch; es muss »das Verdienst« heißen.)

Interjektion: a, o – das A und O

Mit großem Anfangsbuchstaben geschrieben werden auch hauptwörtlich gebrauchte Zusammensetzungen.

Spaß haben – das Spaßhaben

Bei längeren Zusammensetzungen, deren Glieder durch Bindestriche gekoppelt werden, sieht das so aus:

das Unter-die-Arme-Greifen

Also: Das erste und das letzte Wort großschreiben, gleichgültig, welcher Wortart es angehört; alle Wörter dazwischen wie üblich schreiben.

Und wie ist das nun mit dem Werbetext »Gebrauchte zum gut finden«? Na klar:

Gebrauchte zum Gut-Finden (oder: Gutfinden)

Die Bindestrichfassung liefert zusätzlich einen kleinen Nebensinn, sodass eine Doppelbedeutung entsteht: Gebrauchte, die man als gute Gebrauchte einstufen darf – Gebrauchte, die sich gut aufspüren lassen.

212

# Ein typischer Kommafehler

Im Folgenden finden Sie vier Sätze aus sehr guten, sehr lesenswerten Büchern, und alle vier Sätze enthalten einen Kommafehler, einen Kommafehler, der in vielen, vielen Büchern – auch guten, wie zu sehen – zu finden ist.

Was ist los mit den Autoren? Was ist los mit den Lektorinnen und Lektoren in den Verlagen? Dass Autoren diesen und jenen Kommafehler, diesen oder jenen Rechtschreibfehler übersehen, ist immerhin verständlich: weil sie sich beim Schreiben und beim Korrekturlesen ganz auf den Inhalt und vielleicht auch noch auf Stilistisches konzentrieren. Oft ist das allerdings auch nur eine Ausrede. Wer nämlich dieses und jenes in der Schule ordentlich gelernt hat, macht es richtig – macht es automatisch richtig. Also liegt's an den Lehrenden? Ganz sicher.

Als ich zwölf Jahre alt war, bekamen wir einen neuen Deutschlehrer. Wir stöhnten: »Jetzt haben wir den strengsten Hund der ganzen Schule erwischt!« Die Einschätzung war zutreffend. Wir genossen ihn ein Jahr lang, und in dieser Zeit haben wir intensiven Deutschunterricht (nicht Literaturunterricht!) gehabt. Als wir, gleich am Anfang, das strenge Regiment begriffen hatten, sagte einer freimütig, als er wieder einmal nicht im Bilde war: »Herr Studienrat, deutsche Grammatik und das alles, das liegt mir nicht so – ich bin mehr naturwissenschaftlich interessiert und veranlagt.« Darauf der Herr Studienrat: »Wer das, was wir hier im Deutschunterricht machen, nicht kapiert, der gehört nicht auf diese Schule.« – Wir haben es alle kapiert.

Doch nun zu unseren Beispielen:

Die folgenden Sätze stammen aus dem – noch einmal gesagt: sehr guten – Buch »Vom Sinn des Lebens« (mvg verlag) von Professor Dr. Rupert Lay (Philosoph, Psychologe, Physiker, Theologe …).

1  Wir begegnen Menschen, die uns Orientierung schenken und solchen, die uns Orientierung nehmen.

2  »Persönlichkeit« das meint die (meist strukturierte und mehr oder weniger konsistente) Menge aller Interaktionsangebote, zu denen ein Mensch in einer bestimmten emotionalen und sozialen Situation fähig ist und die Menge aller Interaktionsangebote anderer, auf die er sinnvoll (d.h. für den oder die anderen verständlich) in bestimmten emotionalen und sozialen Situationen reagieren kann.

Die folgenden Sätze stehen in dem – auch das sei noch einmal gesagt: sehr guten – Buch »Prost Mahlzeit! Krank durch gesunde Ernährung« (Kiepenheuer & Witsch) von Udo Pollmer, Andrea Fock, Ulrike Gonder und Karin Haug.

3  Die Nährwerttabellen täuschen eine Präzision vor, die nicht existiert und eine Starrheit, die sich die Natur gar nicht leisten könnte.

(Einleitungssatz:) Doch bis diese Erkenntnisse in den Arztpraxen angekommen sind, werden Jahre vergehen. (Dann:)

4  Jahre, in denen Millionen Patienten ihr Blut sinnlosen Untersuchungen opfern; Jahre, in denen sich Laborärzte mit den teuren HDL/LDL-Bestimmungen eine goldene Nase verdienen und Jahre, die die Krankenkassen Millionen kosten.

Wenn Ihnen einer der Fehler aufgefallen ist, haben Sie alle entdeckt. Also – gar nicht so schwierig!

Satz 1: Ein Komma fehlt hinter »schenken«.
Satz 2: Ein Komma fehlt hinter »fähig ist«.
Satz 3: Ein Komma fehlt hinter »existiert«.
Satz 4: Ein Komma fehlt hinter »verdienen«.

Der Grund, warum ein Komma zu setzen ist – nach alten und nach neuen Zeichensetzungsregeln –, ist in allen vier Fällen gleich: An den bezeichneten Stellen endet ein Nebensatz; mit »und« wird der Hauptsatz fortgesetzt. Der Nebensatz ist nicht nur an seinem Anfang, sondern auch an seinem Ende abzugrenzen.

Wahrscheinlich passiert der Fehler deshalb so oft, fast schon regelmäßig, weil sich die Autoren und Lektoratsexperten durch das erwähnte »und« täuschen lassen. An den Fehlerstellen könnte sich auch ein weiterer Nebensatz anschließen, und dann wäre kein Komma zu setzen – nach den alten Regeln grundsätzlich nicht; nach den neuen ist es freigestellt.

Aber – wie gesagt – hier folgt eben kein weiterer Nebensatz, sondern der Hauptsatz wird fortgesetzt.

Achtung: Alle Nebensätze in unseren Beispielen sind Relativsätze. Die Regel, nach der das abschließende Komma stehen muss, gilt aber natürlich für Nebensätze überhaupt, also auch für dass-Sätze, weil-Sätze …

Hat jemand, obwohl danach nicht gefragt war, vielleicht noch einen Kommafehler entdeckt? In Satz 2 ist hinter dem Einleitungswort – »Persönlichkeit« – ebenfalls ein Komma nötig, denn mit »das meint« wird darauf zurückverwiesen. Auch die Anführungszeichen bei »Persönlichkeit« entbinden nicht von der Kommaregel.

Und noch eine zu beachtende Kleinigkeit, die aber immer wieder in allen möglichen Texten vorkommt: mehrere Abkürzungen nacheinander. In Satz 2 steht »(d.h. für den oder die anderen verständlich)«. Für mehrere Abkürzungen hintereinander gibt es zwei Regeln, die einander jedoch im Prinzip gleichen. Die »Schreib- und Gestaltungsregeln für die Textverarbeitung« (DIN 5008) sehen vor, dass mehrere Abkürzungen hintereinander mit einem Leerzeichen geschrieben werden, also: d. h. Und hier, zu dem Beispiel passend, eine weitere Regel: Wenn ein Satz mit einem Abkürzungspunkt aufhört, ersetzt dieser Abkürzungspunkt den Schlusspunkt. Die Richtlinien für den Schriftsatz sehen vor, dass zwischen zwei Abkürzungen »ein kleinerer Zwischenraum gesetzt« wird.

Warum diese Leerzeichen- bzw. Zwischenraumregel? Ganz einfach: Schrieben wir die Wörter aus – zum Beispiele also: das heißt –, so stände ja auch ein Leerzeichen bzw. ein Zwischenraum.

Zu unserem Satz 2: Da es sich in dem Buch um Schriftsatz handelt, sind die beiden Abkürzungen »d.« und »h.« durch einen »kleineren Zwischenraum« zu trennen, der allerdings deutlich erkennbar sein muss.

# Peanuts?

Am 30. November 2001 war in einer n-tv-Werbesendung um 17:14 Uhr zu lesen:

**Jetzt in jeder Filiale der
Deutsche Bank Gruppe**

Ebenfalls am 30. November erschien im Kölner Stadt-Anzeiger unter dem Titel »Geldgeschäfte« ein Leserbrief. Der Einsender klagte mit feiner Ironie darüber, dass die werbende Gruppe demnächst »Moneyshop« heißen solle: weil sich unter »Filialen der Deutsche Bank 24« wahrscheinlich niemand etwas vorstellen könne.

Recht hatte er: Warum in Deutsch ausdrücken, was sich auch in Englisch sagen lässt!

Dabei war der Leserbriefschreiber so nett, in dem kleinen Werbetext etwas zu übersehen. Was wohl?

Wie hatte sich die Deutsche Bank ausgedrückt, um für ihre Filialen zu werben?

n-tv-Werbung: Filialen der Deutsche Bank Gruppe
Leserbrief: Filialen der »Deutsche Bank 24«

Ob so oder so, der Fehler bleibt. Offenbar wissen die Werbetextprofis der Deutschen Bank und deren Auftraggeber im höchstbezahlten Management nicht, dass auch Firmennamen gebeugt werden, gleichgültig, ob sie zwischen Anführungszeichen stehen oder nicht.

Hätte dort irgendjemand einmal in den Duden 9 mit dem Titel »Richtiges und gutes Deutsch« geschaut, so hätte er Aufschlussreiches und sogar höchst Interessantes lesen können. Dudentext:

> Firmennamen sind auch in Anführungszeichen zu beugen: die Verwaltung der »Deutschen Bank«; die Leistungen des Rheinisch-Westfälischen Elektrizitätswerkes; die Mitarbeiter des Euro-Kreditinstituts AG.

Natürlich hätten die Textprofis das auch ohne den Duden rauskriegen können, nämlich mit ein wenig Sprachgefühl. Sie hätten merken dürfen, dass »Filialen der Deutsche Bank 24« falsch klingt, und dann hätten sie – dadurch verunsichert – doch einmal die Mühe auf sich genommen, den Duden aufzuschlagen, um nachzusehen, ob ihr Sprachgefühl wohl auf der richtigen Fährte sei.

Aber – natürlich – nichts dergleichen! Wozu zweifeln, wozu nachschlagen, was man ja ohnehin genau weiß!

Bei der Gelegenheit noch ein Wort zum letzten der Dudenbeispiele: *die Mitarbeiter des Euro-Kreditinstituts AG.* Muss es nicht »der ... AG« heißen? Nein. Wenn der Namensgeber die Bezeichnung »AG« lediglich als zusätzliche Rechtsbezeichnung wertet, die dazu dient, deutlich zu machen, mit wem man sich da einlässt, dann ist der Bezug auf den Namen richtig.

Übrigens, unser Leserbriefschreiber erwähnte, dass die Vorstände der Deutschen Bank durchschnittlich 11,08 Millionen Euro im Jahr verdienten und insofern die Bezeichnung »Golden Goose« angebracht wäre.

Aber wahrscheinlich ist die ganze Aufmerksamkeit oder gar Aufregung überflüssig: weil sowohl Grammatikfehler als auch erstaunliche Gehälter ohnehin nur Peanuts sind.

Ach ja, da war noch etwas. Wie schreibt man normalerweise »Deutsche Bank Gruppe«? So natürlich: Deutsche-Bank-Gruppe. Aber dergleichen ist kaum einem deutschen Manager beizubringen. An den Namen seines Unternehmens lässt er nichts kommen, schon gar nicht einen Bindestrich – und wenn das Durchkoppeln mithilfe von Bindestrichen hundertmal eine Regel der deutschen Rechtschreibung ist, der alten wie der neuen. Was allerdings in vielen Fällen in keiner Weise daran hindert, den kostbaren Namen im Zuge eines Zusammenschlusses mal schnell gegen einen Fantasienamen (Aventis usw.) auszutauschen.

# Komma: richtig oder falsch?

Zum 200-jährigen Jubiläum des Verlags Herder in Freiburg erschien dort ein Buch mit dem Titel »Was kommt. Was geht. Was bleibt.« (396 Seiten, 18,41 Euro). Es enthält zu 115 Stichwörtern Beiträge bekannter oder berühmter Autoren, darunter zum Beispiel der Philosoph Dr. Gerd B. Achenbach (Beraten – Wer Rat sucht, bleibt Täter seines Lebens), die Lyrikerin Dr. rer. pol. Hilde Domin (Mut; Zivilcourage – ein Fremdwort?), der Journalist Dr. Helmut Hillrichs (Tiere – Ohne sie wären wir nichts), die Politikerin Dr. Annette Schavan (Digital – Verständigung über die Spielregeln). Doch dies nur nebenbei als Buchempfehlung. Uns geht es hier ja um weit weniger Wichtiges, um den kleinen Strich, auch Beistrich genannt, den wir allerdings Komma zu nennen pflegen.

Titel eines Beitrags des Chemikers Professor Dr. Ernst-Ludwig Winnacker, Spezialfach Genetik, seit 1998 Präsident der Deutschen Forschungsgemeinschaft:

**Wissen**

Forschung funktioniert,
aber anders als man denkt!

Und dazu ein Satz aus dem Text:

Nur zwei Punkte möchte ich ansprechen: Neues Wissen entsteht manchmal an ganz anderen Stellen, als erwartet, und manchmal auch mit einer unerwarteten Plötzlichkeit, als wäre gewissermaßen von einer Stunde auf die andere die Zeit reif für eine Entdeckung.

Die Sache ist gar nicht so einfach, wie sie auf den ersten Blick erscheinen mag. Worum geht es?

Das Wort »als« gehört zu den leicht hinterlistigen Konjunktionen. Dieses Bindewort bindet, wie die Bezeichnung sagt, aber es trennt manchmal auch.

Mein Bruder ist größer als ich.

Würden Sie vor diesem »als« ein Komma setzen? Nein.

Mein Bruder ist älter, als ich in seinem Alter gewesen bin.

Komma: ja oder nein? Vermutlich werden Sie in diesem Fall »ja« sagen oder zumindest zu einem Ja neigen. Warum? Vielleicht, weil diese als-Wendung länger ist als das kurze »als ich« im ersten Beispiel?

Sie hätten auf die Weise zwar die Kommafrage in der Praxis richtig gelöst, aber ihre Begründung wäre falsch.

Mein Bruder ist älter als ich und auch alle unsere Schwestern und Brüder.

Diese als-Fortsetzung ist sogar noch länger als die mit dem Komma, und trotzdem steht hier kein Komma.

Also, keine weiteren Einleitungen! Wie ist das nun mit dem Komma bei »als«? Richtig ist es so:

**Wissen**

Forschung funktioniert,
aber anders, als man denkt!

Und:

Nur zwei Punkte möchte ich ansprechen: Neues Wissen entsteht manchmal an ganz anderen Stellen als erwartet(,) und manchmal auch mit einer unerwarteten Plötzlichkeit, als wäre gewissermaßen von einer Stunde auf die andere die Zeit reif für eine Entdeckung.

Im ersten Fall muss ein Komma stehen. Das vergleichende »als« leitet einen Nebensatz ein, einen Komparativsatz (Vergleichssatz).

Im zweiten Fall darf kein Komma stehen. Das vergleichende »als« schließt nur einen Satzteil an – keinen Nebensatz!

Der Unterschied ist leicht zu erkennen: »als man denkt« enthält ein Subjekt (man) und ein Prädikat (denkt). Durch die Konjunktion »als« ist der Satz »man denkt« von dem vorausgehenden Hauptsatz abhängig gemacht. Und diese Abhängigkeit ist das wichtigste und immer vorhandene Merkmal des Nebensatzes.

Zur Erinnerung:

Die meisten Konjunktionen leiten stets Nebensätze ein. Das ist angenehm. Wenn wir ihnen begegnen, wissen wir sofort: Hier beginnt ein Nebensatz. Die gebräuchlichsten:

(an)statt dass, als dass, als ob, als wenn, bevor, da (im Sinne von »weil«), damit (Betonung auf der zweiten Silbe), dass, ehe, falls, indem, nachdem, obgleich, obschon, obwohl, ohne dass, sodass, sobald, solange, sofort, sosehr, soviel, weil, wenn, wenngleich, wennschon, wohingegen.

Anders ist das bei den folgenden Wörtern, die sowohl Nebensätze einleiten als auch Satzteile anschließen können:

| | |
|---|---|
| als | Der Verlust ist größer, als wir angenommen haben. Als wir es bemerkten, war es zu spät. Aber: Manchmal kommt es eben anders als gedacht. |

| | |
|---|---|
| bis | Wir warten, bis wir seine Zusage erhalten. Aber: Wir warten bis Dienstag oder höchstens bis Mittwoch. |
| insofern | Wir haben uns geirrt, insofern wir von einer anderen Grundvoraussetzung ausgegangen sind. Aber: Es hat uns insofern weder genützt noch geschadet. |
| je | Je schneller die Konjunktur anspringt, desto besser sind die Wahlchancen der Regierung. Aber: Der Großhandel verlangt 20 Euro je Packung. |
| seit, seitdem | Seit wir die neue Software haben, gibt es deutlich weniger Pannen. Aber: Wir haben seit seinem Besuch nichts mehr von ihm gehört. Die Geschäfte gehen besser, seitdem die Nachfolgefrage geklärt ist. Aber: Daran hat sich seitdem nichts geändert. |
| sowie | Die Werbung startet, sowie unsere Zentrale das Startzeichen gibt. Aber: Wir haben Karten und Briefe sowie Päckchen verschickt. |
| während | Sie hat bereits gehandelt, während wir noch hin und her überlegt haben. Aber: Er hat das während der Rede des Vorsitzenden erledigt. |
| wie | Das Informationsmaterial ist so, wie wir es erwartet haben. Aber: Das Informationsmaterial ist so wie erwartet. |

Zurück zu unseren fehlerhaften Beispielsätzen. Der erste Fall ist klar. Im zweiten Fall könnte zusätzlich das Komma hinter »erwartet« Anlass zum Nachdenken geben. Wenn das im Originaltext stehende Komma vor »als« richtig gewesen wäre, dann hätte auch das Komma hinter »erwartet« seine Berechtigung gehabt: Ende des Nebensatzes. Aber so? Wir können es weglassen. Allerdings könnten wir auch auf den Gedanken kommen: Das folgende »und« ist sinngemäß ein »und zwar«, und weil vor »und zwar« ein Komma steht ...

Um daran zu erinnern, dass niemand immer alles richtig macht, sei hier ein Fehler eingestanden, der mir selbst im Zusammenhang dieses Textes unterlaufen ist. In meinem Buch »Außergewöhnliche Bewerbungen« – »Wie Sie schon bei der Präsentation Pluspunkte sammeln« (Wirtschaftsverlag Langen Müller / Herbig) habe ich zu den Wörtern, die immer Nebensätze einleiten, auch »zumal« gezählt. Irrtum! Das kleine »zumal« – manchmal Konjunktion, manchmal Adverb – gehört zu den Doppelkönnern.

Diese Maßnahme ist notwendig, zumal wir die Entwicklung nicht voraussehen können. (Nebensatz) – Das ist immer so, zumal kurz vor Geschäftseröffnung. (nachgestellte Erläuterung) – Aber: Dies passiert zumal in verkehrsreichen Zeiten häufig.

Niemand und nichts ist perfekt. Doch diese Einsicht braucht uns ja nicht daran zu hindern, das Beste, was uns möglich ist, anzustreben.

# Gleichstellung der Geschlechter

Es ist nicht mehr erlaubt, per Personalanzeige zum Beispiel einen Chefassistenten zu suchen; wegen der gebotenen Gleichstellung von Mann und Frau muss zugleich eine Chefassistent*in* gesucht werden. Ob das sinnvoll ist?

Nehmen wir an, ein Chef hat mit Assistenten gute, mit Assistentinnen schlechte Erfahrungen gemacht. Wen wird er suchen, wenn die Stelle neu zu besetzen ist? Einen Assistenten natürlich.

Wegen der Gleichstellungspflicht gibt er aber in seiner Personalanzeige an – und gibt vor –, er suche entweder einen Chefassistenten oder eine Chefassistentin.

Und da liest nun eine junge Frau diese Anzeige, fühlt sich angesprochen und traut sich diese Aufgabe, obwohl sie noch ziemlich jung ist, auch zu. Allerdings sagt sie sich zu Recht, dass sie als Ausgleich für ihr jugendliches Alter etwas Besonderes bieten muss. Was kann sie bieten? Wie macht man das? Sie kauft sich ein Buch, zum Beispiel »Außergewöhnliche Bewerbungen«, liest es, streicht an und versucht schließlich, etwas in ihrer Bewerbung umzusetzen, was sie da gelesen und für gut und richtig befunden hat. Dann kommt die übliche Zusammenstellung der Unterlagen dazu, das Versandfertigmachen, das Zur-Post-Bringen.

Alles zusammen: eine Menge Arbeit! Wofür? Für die Katz! Denn der Inserent hatte ja nie vor, eine Frau einzustellen; er war von Anfang an darauf aus, für diese Position einen Mann auszuwählen.

Wir haben von *einer* jungen Frau gesprochen. Möglicherweise werden sich fünf oder fünfzig Frauen bewerben. Und auch deren Arbeit ist vergebliche Liebesmüh.

Der Beispielfall, über den nachzudenken ich Sie bitte, sieht so aus:

Im Kopf der Anzeige ist das Bild einer jungen Frau zu sehen. Daneben steht

So sieht ein typischer Bankmensch aus.

Im ersten Teil des Kerntextes heißt es dann:

Zur Unterstützung unseres Vorstandes suchen wir eine/-n

**Vorstandssekretär/-in**

Zunächst einmal zu unserer Ausgangsfrage: Es ist keinem Mann zu empfehlen, sich um diese attraktive Position zu bewerben. Wer genau hinsieht, genau liest und sich etwas dabei denkt, erkennt doch schon am Titelbild und an der ersten Schlagzeile, dass nur scheinbar auch ein Mann infrage kommt. Nur scheinbar!

Doch nun die eigentliche Denkaufgabe: Wie steht das mit »eine/-n Vorstandssekretär/-in«?

Im Detail etwas schwieriger, im Prinzip aber dasselbe Problem:

Für die Bereiche Anwendungstechnik und Logistik suchen wir für zwei unterschiedliche und vielseitige Aufgaben jeweils eine/n

**Sekretär/in**
**Assistenten/-in**

226

Der erste Fall ist ähnlich wie gehabt, der zweite etwas anders gelagert. Wie?

Unsere Rechtschreibung sieht mancherlei Abkürzungsmöglichkeiten vor. Zum Beispiel können wir Abkürzungen mithilfe eines Bindestrichs erreichen.

Im- und Export
Vitamin-A- und -B-Komplex

Und – relevant für unseren Fall:

Mitarbeiter/-in
Schüler(in)

Also möglich, wenn auch nicht schön:

Der/die Mitarbeiter/-in hat dies zu beachten.
Der/die Schüler(in) hat dies zu beachten.

Einfacher geht's im Plural:

Die Mitarbeiter/-innen haben dies zu beachten.
Die Schüler(innen) haben dies zu beachten.

Bei den Singularformen fällt auf – und ist wohl auch jedem ganz klar –, dass die kürzere Form (der Mitarbeiter, Schüler) zuerst genannt wird, die längere Form folgt [die Mitarbeiter/-in, die Schüler(in)].

Wie sieht das in unserem Anzeigentext-Beispiel aus?

eine/-n Vorstandssekretär/-in

Beim unbestimmten Artikel finden wir zuerst die weibliche, beim Substantiv zuerst die männliche Form. Das ist nicht nur unüblich – siehe andere Beispiele! –, sondern auch unlogisch.

227

Und ebendeshalb lehnt auch der Duden solche Formen ab (Duden 9).

Und was wäre korrekt geschrieben gewesen? Zum Beispiel:

einen/eine Vorstandssekretär/-in

Das wären gerade mal zwei Buchstaben – beim unbestimmten Artikel – mehr gewesen. Eine andere Möglichkeit:

Wir suchen eine

**erfahrene Fachkraft**
**für das Vorstandssekretariat**.

Es gibt meistens mehrere sinnvolle Möglichkeiten, ein sprachliches Problemchen dieser Art zu lösen; man muss nicht unbedingt eine falsche wählen.

Zum zweiten Fall. Wir finden:

eine Sekretär
einen Sekretärin

Aber dann wird die Sache noch ein bisschen ungereimter, nämlich:

eine Assistenten
einen Assistentin

Zunächst dasselbe Bild wie bei bei »Sekretär/in«. Dann aber, von der vertauschten Reihenfolge abgesehen:

eine Assistentenin

Im ersten Fall war wenigstens das »in« direkt an das Bezugswort – Sekretär – anzuschließen. Im zweiten Fall dürfen wir

228

das, eben das Naheliegende, keinesfalls tun. Sondern: Wir müssen, damit das Ganze Sinn ergibt, die angehängte Silbe »-in« statt an das Bezugswort »Assistenten« an einen Teil dieses Wortes anschließen: Assistent.

Sie merken, hier passt nun auch gar nichts mehr zusammen. Und warum besprechen wir diese Fälle eigentlich unter »Auf den Punkt gebracht«? Weil es zwar Grammatikprobleme sind, aber solche Grammatikprobleme, die sich – vom Sinn her – ohne jegliche Grammatikkenntnisse erkennen und lösen lassen.

Ach ja, die Lösung! Zum Beispiel: ... suchen wir ... je eine Fachkraft für

**Sekretariatsarbeit**
**Assistenzaufgaben**

Wer noch zusätzlich betonen möchte, dass diese Kräfte sowohl männlichen als auch weiblichen Geschlechts sein dürfen, mag das Wort »Fachkraft« in Kurzform ergänzen:

Fachkraft (m/w)

Anders, etwas ausführlicher, wäre es allerdings auch gut gegangen: weil dort, wo fett gedruckt die Berufsbezeichnungen stehen, reichlich Platz vorhanden war. Also:

... suchen wir ... je eine/n

**Sekretärin / Sekretär**
**Assistentin / Assistenten**

Woher kommt nur diese Abkürzungssucht selbst dort, wo sie unnötig ist und zudem noch zu Fehlern führt?

## Typische Fehler vermieden. Kompliment!

Der Bindestrich ist bei den Textprofis, und nicht nur bei ihnen, höchst unbeliebt. So kurz die Werbezeile auch sein mag – sie vergessen ihn, manchmal sogar gleich doppelt. Ob in Autozeitschriften (9-Speichen Komplettrad, Audi; Mercedes A-Klasse), in Magazinen (Deka Vermögens Management; 24-Stunden Service-Telefon …).

Interessant folgende Gegenüberstellung:

Deutsche Bank 24 Rente
Oskar-Maria-Graf-Stüberl

Während die große Deutsche Bank die deutschen Rechtschreibregeln (alte und neue) missachtet, zieht es ein kleines Restaurant im bayerischen Berg am Starnberger See bewusst vor, sich daran zu halten.

Aber es gibt Ausnahmen, zum Beispiel:

S-Form-Alurohr (Electrolux)

2,2-L-TURBODIESEL-DIREKTEINSPRITZER (Nissan)

Super-MobilCom-SMS-Tarif

Auffallend häufig begegnen uns richtige Schreibweisen bei Auslandsunternehmen. Vermutlich hat man dort die Bindestrichregeln genauer angesehen als im Inland – sofern man hier überhaupt schon einmal etwas halbwegs Genaues davon gehört oder gelesen hat. Dabei ist die Sache doch gar nicht so schwer. Oder?

230

Unsere Sprache ist außerordentlich reich. Aber Reichtum, das wissen wir, bedarf auch der Pflege; sonst schwindet er. Und wer pflegt? Und wie, bitte?

Wenn dieses Buch einen kleinen Beitrag dazu leistet, hat es seinen – guten – Zweck erfüllt.